clave

Marián De Llaca y Maldonado es terapeuta, conferencista y creadora de TEOS (Tejido Eónico de Sanación) México, el primer sistema mexicano de sanación con energía. Es además autora de los libros *Energía curativa, Manual de herbolaria* y *Chakras*. Tiene más de treinta años de experiencia en el campo de la medicina complementaria y la investigación.

Sus estudios en la Escuela Nacional de Antropología e Historia propiciaron que entrara en contacto con la comunidad Cora de Jesús María, en la sierra de Nayarit. La sabiduría de los ancianos Coras, sus costumbres y su cosmovisión ancestral le mostraron una realidad mágica que transformó su vida de manera radical. Después de haber sido iniciada por los Coras, recibió la enseñanza directa de sabios, chamanes y guardianes de la tradición mexicana, en especial la de don Faustino Rodríguez, antiguo guardián de los volcanes Popocatépetl e Iztaccíhuatl.

Su experiencia como terapeuta holística y sus investigaciones independientes le han permitido profundizar en el conocimiento del cuerpo físico, emocional y energético para desarrollar su propio sistema de curación con energía, TEOS, el Tejido Eónico de Sanación. Asimismo, a través de la Fundación TEOS, beneficia a personas de escasos recursos.

Actualmente reside en la Ciudad de México, desde donde continúa fortaleciendo y expandiendo TEOS, y está dedicada a formar sanadores y terapeutas en todo el mundo, guiar meditaciones, e impartir cursos y talleres que contribuyan al bienestar global.

Chakras

Un camino holístico para alcanzar el equilibrio físico, emocional y espiritual

MARIÁN DE LLACA Y MALDONADO

DEBOLSILLO

El papel utilizado para la impresión de este libro ha sido fabricado a partir de madera procedente de bosques y plantaciones gestionadas con los más altos estándares ambientales, garantizando una explotación de los recursos sostenible con el medio ambiente y beneficiosa para las personas.

Penguin Random House Grupo Editorial

Chakras

Un camino holístico para alcanzar el equilibrio físico, emocional y espiritual

Primera edición en Debolsillo: marzo, 2021
Primera reimpresión: abril, 2022
Segunda reimpresión: junio, 2025

ISBN: 978-607-319-985-8

Impreso en México – *Printed in Mexico*

A Yanitsa y Nicolás, la pupila y el iris de mi visión.
A Guadalupe, la Lupa, quien me enseñó a meditar
recostada sobre una clave de sol.
A Pedro Luis y María Angélica, *in memoriam*,
porque he bebido hasta la última gota de la savia
que emanaba de sus raíces.

PREFACIO

Sin cuerpo físico no hay alma. Sin alma no hay evolución.

Pero el alma no sólo necesita un cuerpo *físico* que la reciba para encarnar y le dé un lugar en el mundo, también requiere una estructura llamada cuerpo sutil, la energía que sostiene y genera el funcionamiento de todo tu organismo: glándulas, sistemas, órganos, tejidos, células, moléculas y partículas cuánticas. Sólo entonces la vida es posible.

Desde la antigüedad, muchos investigadores, médicos y personas sabias se han dedicado al conocimiento de la energía sutil, lo han registrado y custodiado como herramienta de evolución, transformación y curación. Algunos manuscritos se perdieron a lo largo del tiempo o fueron destruidos por guerras de conquista y dominación; pero otros aún se conservan con la simbología ancestral que les dio origen, además de la sabiduría inherente en la tradición oral. Por ello, alrededor del planeta existen tantas interpretaciones acerca de los chakras como culturas. Sin embargo, hay puntos de convergencia en los que coincide esa variedad de conocimientos: el funcionamiento orgánico de todo ser vivo está generado por un cuerpo sutil compuesto por la energía kundalini, los nadis y los chakras.

Este libro tiene la intención de que conozcas la energía de tu cuerpo no como algo extraño, sino como parte de ti mismo, de tal manera que lo honres conscientemente. Ése con el que naciste, el que te permite crecer, evolucionar, aprender y envejecer.

Para transformar tu vida necesitas algunos atributos de la conciencia: valentía, aceptación y amor. Aceptarte tal cual eres, con los dones que te fueron otorgados, para entregar al mundo lo mejor de ti; con cualidades físicas, emocionales y espirituales que te hacen ser irrepetible, con un diseño único y personalizado. De tal manera que tú seas tú, y que el tú que habita en ti tenga la fuerza de crearse y reinventarse y como resultado y aprecio por lo que siembras.

Uno de los aspectos de convergencia entre las culturales ancestrales sostiene que el rostro y el cuerpo son el lenguaje del alma.

Así, por ejemplo, en la antigua China (2700-2150 a.n.e.) el arte Miang Xiang afirma que todo aquello que se manifiesta en el exterior está en el interior y viceversa; por tanto, el rostro es el espejo del alma. Cuando el destino de un ser humano cambia, sus facciones lo hacen de igual manera. En este sentido, cuando se cultivan cualidades esenciales como el aprecio, el respeto, la confianza y el amor, la transformación no solo se percibe en la expresión, sino la estructura ósea y muscular. Lo mismo sucede en sentido inverso: la ausencia del trabajo interior también se nota.

Este libro también es un llamado a la consciencia de todas aquellas personas que han expuesto su salud y su vida en aras de lo que actualmente se considera "bello". Si bien es cierto que a lo largo de la historia el ser humano busca acercarse a un estándar estético que lo vincule a su entorno y lo haga parte de su cultura, también lo es que en ocasiones recurrimos a medidas extremas para lograrlo. Ejemplo de ello fue la práctica de la China medieval para fomentar la belleza femenina en la cual los pies de las mujeres se fracturaban y se vendaban, desde la infancia, para evitar su crecimiento. Se llamaban pies de loto. Así las mujeres caminaban elegantemente sobre las puntas de sus muñones, como bailarinas de ballet. Esta costumbre fue eliminada en 1949 cuando se aceptó que esta practica provocaba la discapacidad en las mujeres de por vida. En la actualidad, no recurrimos a fracturarnos los pies para ser atractivas, pero sí hemos adoptado otro tipo de prácticas que quizá no sean necesarias, ni pongan en riesgo tu salud.

Déjame contarte la historia de Diana, una mujer exitosa y madre de tres hijos.

Eran las diez de la noche cuando Alfonso, un paciente que acudía regularmente a mi consulta para su bienestar físico y emocional, me llamó para decirme que su hermana, a quien yo no conocía, estaba internada en el hospital: había muerto durante una operación, y cinco minutos después el cirujano la había revivido. Esa noche, Alfonso estaba en el consultorio del doctor Ramírez, quien solicitó hablar conmigo. Era la primera vez que un especialista me pedía, de manera personal, que fuera a un hospital para ayudar a un paciente a salir del estado de coma. "Yo no puedo hacer más —me dijo el Dr. Ramírez—, llegó muy grave y tuve que operarla de emergencia". Alfonso volvió al teléfono. "Por favor, lo que puedas hacer por ella".

Llegué al hospital a primera hora del día siguiente. Alfonso me recibió en la entrada y mientras subíamos por el elevador y nos encaminábamos al área de cuidados intensivos, me puso al tanto de la situación: Diana sufría de sobrepeso desde la juventud y por la frustración constante de recuperarlo luego de probar diferentes maneras de bajar de peso: la dieta de la Luna, la dieta de sólo frutas, la dieta de puras grasas, la dieta del ayuno, la dieta verde, la dieta de limpieza hepática… ninguna surtía efecto. Alfonso se acercó para decirme, como si fuera un secreto, que en realidad la inconstancia era la verdadera especialidad de su hermana. Así que ella decidió consultar a un médico, propietario de una clínica especializada en cirugías estéticas. Desde la primera consulta, el cirujano prometió dejarla con una figura de modelo que causaría la envidia de cualquier mujer, y Diana tuvo la certeza de lograr, al fin, el cambio que había buscado durante años. En el área de cuidados intensivos, antes de que me dejaran verla, me lavaron las manos y me vistieron con bata y cubreboca.

Tuve que llegar muy puntual: sólo tendría media hora para estar con ella. Inmóvil, con la mirada perdida que impone el estado de coma, me esperaba entre las conexiones que la mantenían viva de manera artificial. "Mira nada más qué manera de conocernos", le dije, acariciándole la cabeza inerte. Sólo me respondió el silencio. "Sé que puedes escucharme, Diana. ¿Qué puedo hacer por ti?"

Alfonso no estuvo de acuerdo con la operación de su hermana: "Mira, Diana, en primer lugar no pesas 100 kilos; en segundo, tu alimentación es un desorden, rompes las dietas continuamente y no haces ejercicio; en tercero, eres joven, tienes tres hijos, si le echas ganas te aseguro que puedes estar muy bien". Pero ella no quería escucharlo: "Tú no sabes lo que es despertar sintiendo el peso de la vida como una anciana de cien años, ni lo que significa para mí verme en el espejo como una masa deforme. No vine a escuchar tu juicio, sino a pedirte que me cuides". Y así lo hizo Alfonso. No se movió de su lado. Aparentemente, Diana había salido bien del *bypass* gástrico bandeado, incluso el cirujano, en un acto de generosidad, le realizó también la cirugía de abdominoplastia por el mismo precio para que el vientre le quedara tan plano como el de una modelo.

Dos meses después de la intervención le comenzaron los dolores abdominales. Diana fue a ver al cirujano, quien le dijo que las molestias eran normales, "lógicas consecuencias" de la operación. Se limitó a darle unas palmaditas en la espalda y la despachó a su casa, como respuesta. Después llegaron las fiebres y el dolor se incrementó considerablemente. Alfonso le sugirió que consultara otra opinión.

Entonces conoció al doctor Ramírez. "La tengo que internar —dijo el gastroenterólogo—, no sólo para realizar los estudios pertinentes, sino para controlar la infección que tiene en la cicatriz que simula el 'nuevo' ombligo". Repentinamente, Diana se desmayó, convulsionándose por la fiebre elevada. El médico determinó realizarle una cirugía de emergencia. Cuando le abrieron el abdomen, los especialistas hallaron un mar de sangre fétida con pus: necrosis del intestino, siete litros y medio de contenido biliar… y toda esa contaminación ya había migrado a un pulmón. Estaba mal cortada y mal suturada, me dijeron.

"Acostada sobre la plancha, con el vientre todo abierto, en un instante, te fuiste, Diana. Seguramente tu alma salió por la boca y permaneció en el techo, viendo cómo el cirujano cuidaba que no te desangraras mientras te golpeaban el pecho para hacerte regresar. Cinco minutos más tarde tu corazón empezó a latir otra vez.

"Dicen que cinco minutos son como una eternidad cuando te mueres. Y aunque tú reviviste físicamente, nunca regresaste del más allá: quedaste en ese estado de paloma resignada que llaman coma. ¿El coma de qué? El coma de algo que todavía no termina; el coma de algo más que no es el final; el coma de la mirada perdida y el cuerpo desparramado, con una herida abierta que te atraviesa el vientre y destila pus; el coma de aferrarse a la esperanza de que pudieras regresar bien a la vida, a pesar del riesgo de quedar ciega, paralítica y muda. Porque si ello fuera el fin, tendría otro signo: se llamaría el estado del punto. Y en el estado del punto final lo único que podemos hacer es llorar una despedida.

"Sé que me escuchas, Diana. Lo que voy a hacer por ti en estos momentos que me quedan para estar contigo es pasarte las manos por este cuerpo que alguna vez fue hermoso, restablecer tu energía para abrir un camino por el que puedas regresar, si es que hay regreso para ti; dejarte un beso en la frente y decirte que si te hubiera conocido antes, me hubiera parado frente a ti con los brazos abiertos, como agente de tránsito, y te hubiera dicho: ¡Alto!"

Alfonso no se despegó del hospital: tenerla bajo su amparo fue la promesa que le hizo antes de la primera cirugía. Caminaba muy enojado, de un lado al otro, preguntándome qué nos pasaba a las mujeres que andábamos metiéndonos el cuchillo para vernos dizque bien, que si no entendíamos que ellos prefieren a las mujeres naturales, que si se trataba de competir entre nosotras, que si no nos dábamos cuenta de que poníamos en riesgo nuestra salud de manera absurda. "No las entiendo, no las entiendo", me repetía.

Alfonso intentó comunicarse con el doctor que realizó la primera cirugía, pero éste se negó: mandó decir que su trabajo había sido un éxito, que los síntomas postoperatorios eran normales, y que si otro médico había realizado una segunda operación, él no se hacía responsable. Después nos enteramos de que, de ocho mujeres que este hombre había operado en su clínica particular, cinco habían fallecido. El padre de Diana lo demandó, pero el mal llamado médico, contrademandó y ganó el juicio.

Diana sobrevivió tres meses mientras estuvo conectada, pero ¿para qué? Para llenarse de ampollas, para ahogarse con sus propias flemas, para alargar una agonía de lo más desoladora. Cuando la desconectaron, su alma salió finalmente por sus ojos para no volver.

Este libro está inspirado en la vida de Diana; pero también en las inquietudes de mis pacientes, alumnos, amigos e incluso de personas que conozco de manera fortuita, cuando me preguntan: ¿cómo puedo entender la energía de mi cuerpo de manera sencilla, sin que esto signifique superficial? ¿Cómo llevar una práctica cotidiana que me permita alinear mis chakras? ¿Qué hacer para que los momentos de gozo y paz se prolonguen, cada vez por más tiempo, hasta que se conviertan en el fundamento de mi vida diaria?

Si conoces la energía que sostiene la estructura de tu organismo, y sabes que la regeneración celular existe, es mucho más fácil que te cuides, honrando tu vida, sin necesidad de medidas extremas. Pero se requiere un trabajo basado en la responsabilidad y la consistencia. Lo que he llamado disciplina sagrada: el arte de honrar tu vida.

Sé que actualmente hay mucha información, tanto en libros, revistas e Internet, acerca de los chakras, pero a menudo lo que está disponible resulta tan complicado que necesitas ser yogui, practicante de meditación, sanador o algún tipo de terapeuta en medicina holística para poder comprenderla. A pesar de ello, y aunque seas docto en la materia, cuesta trabajo llevarla a la cotidianidad ya que no es un conocimiento intelectual, sino una sabiduría ancestral, y como tal, hay que ponerla en práctica, pues la experiencia es el fundamento del saber. El trabajo desde el Ser es el único que sostiene la belleza interior y exterior de manera permanente.

Algo similar ocurre cuando eres principiante en una clase de yoga. Por ejemplo, la maestra, de pie frente al grupo, dirige la postura del árbol: se para sobre una pierna, sube la otra y apoya la planta del pie sobre la parte interior del muslo, con las manos en forma de oración a la altura del estómago, y luego pide al grupo centrar la atención en el tercer chakra. Pero si tienes poca experiencia, más que árbol, pareces un flamenco reumático que se esfuerza en exceso por concentrarse para no caer de un lado o del otro. Enseguida, la maestra pide subir las manos al cuarto chakra, pero nadie se mueve: todos ven de reojo que ella pone las manos a la altura del corazón y luego tratan de imitarla. "Hagamos tres respiraciones profundas", vuelve a indicar. Entonces, la única pierna en la que te sostienes empieza a temblar. La voz pausada de la maestra indica después que subas las manos al quinto chakra, y luego al sexto. Mientras todo el grupo sigue los movimientos, tu pierna levantada, que estaba graciosamente apoyada en la parte interna del muslo, se empieza a resbalar, y la otra tiembla cada vez más, así que aprietas los labios y respiras profundamente para ocultar tu desequilibrio. Finalmente, la maestra parece la diosa de los flamencos con los brazos arriba de la cabeza y las palmas juntas, mientras tu cuerpo, lentamente, se va de lado. Al final de la clase alguien pregunta: "Maestra, ¿para qué sirven los chakras?" Claramente, aunque haya mucha información, pocos saben cómo aprovecharla y ponerla en práctica.

Chakras pretende llenar ese vacío con información certera —y al mismo tiempo accesible—, práctica y concisa. Este libro salpicado con notas de simbología mexicana, como un tributo a la sabiduría de mis ancestros, es el resultado de años de investigación y de práctica; pero también, y de manera más importante, es una contribución que surge desde el corazón para construir el puente que va del saber de la mente al saber de la vida; una invitación dirigida a todo aquel que esté dispuesto a vivir la aventura de emprender un viaje al interior, circulando con libertad en todas direcciones. Una invitación personal a que te adueñes de tu energía, te enamores de tu cuerpo y honres tu trayectoria.

Ésta es una invitación a reordenar tu vida, a que te conviertas en tu propio discípulo y te reeduques, a que enfoques un poco de tu tiempo y energía para conseguir un fin: convertir tu vida cotidiana en la vida que amas, en la que te apasiona, con tu propósito perfectamente definido y apuntalado. Para ello no necesitas ser monje, huir a las montañas lejos del mundanal ruido, ni vivir en aislamiento perpetuo, recluido en los confines de una intimidad en la que tú y sólo tú te puedas comunicar con el tú que está a punto de volverse loco.

Es una invitación para que vivas armoniosamente, conectado con el mundo de afuera y de adentro, al mismo tiempo; en la observación del ruido que generan los pensamientos incesantes, como si tuvieras varias estaciones de radio encendidas simultáneamente; en la medida en que seas capaz de apagar cada una de ellas, descubrirás que el silencio vine de un estado de serenidad. Y entonces, el ruido de fuera quedará afuera, sin la necesidad de que huyas lejos a esconderte de él, o de ti mismo.

En las páginas siguientes aprenderás sobre la energía del universo y cómo se manifiesta en tu cuerpo y tu alma a través de cada chakra.

En los capítulos encontrarás la explicación de todos los conceptos que se emplean a lo largo del libro, desde qué es un chakra hasta cómo fluye la llamada energía *kundalini* y cada uno de los centros de energía, incluido el ombligo, cuya importancia se resalta restituyéndole el lugar que le pertenece. Ahí podrás leer cómo se interrelacionan generando la energía de tu cuerpo físico. También conocerás los principales símbolos, atributos y cualidades, así como las acciones prácticas que puedes realizar de manera cotidiana para que los tengas en balance y equilibrio.

Cabe mencionar que ningún chakra lleva el nombre numérico que lo define; es decir, nos hemos acostumbrado a relacionarnos con los centros de energía como primer chakra, segundo chakra, y así sucesivamente. Sin embargo, me parece más importante llamar al chakra por la fuerza energética que lo representa, por ejemplo, el Chakra *Mulhadara*, conocido como el primero, en este libro es, simplemente, el Chakra del Arraigo. También encontrarás varias recomendaciones para su equilibrio y salud: los nutrimientos que necesita tu cuerpo, tu mente y tu espíritu para vivir en armonía; las acciones cotidianas para enlazarte al gran telar del universo desde la nutrición y el ejercicio, hasta ilustraciones y la música que les es más propicia. Al final de cada capítulo encontrarás cuadros sinópticos de consulta rápida que te ayudarán a sintetizar el conocimiento.

¿Estás listo? Bienvenido al viaje.

CAPÍTULO I

LA DISCIPLINA SAGRADA, EL ARTE DE CUIDAR Y CULTIVAR TU VIDA

> La disciplina es el mejor amigo del hombre, porque ella le lleva a realizar los anhelos más profundos de su corazón.
>
> Madre Teresa de Calcuta

Empecé la búsqueda del camino espiritual a los 16 años. En esa época, la meditación, el yoga y la transformación de la conciencia eran temas de "gente extraña". A los 21 ya había pasado por cursos de bioenergética y tres años de psicoanálisis freudiano, del cual me habían "dado de alta"; además estudiaba metafísica, era vegetariana estricta y practicaba la meditación, con el dedo índice apuntando todo lo que "estaba mal" y lo que "no se debía hacer". Con el paso del tiempo me convertí en una buena militante en aras de lo sagrado; era muy ceremoniosa, vestía de blanco, una trenza larga me colgaba hasta la cintura y dormía literalmente en el piso. Era obvio, con sólo mirarme de lejos, que llevaba mi existencia con la seriedad que requieren los asuntos importantes. Lo que pocos sabían era que mi realidad de madre soltera, en la que trabajaba de sol a sol para sobrevivir, me tenía exhausta y sin más ilusión que pasear con mis hijos; sin ellos, hubiera huido a algún monasterio para alcanzar la perfección y convertirme en monje. Un querido amigo todavía cuenta, a manera de anécdota, la sorpresa que le causó escucharme pedir una silla aparte porque era tan sensible que absorbía las *malas vibras* de los demás. En este afán de dar una imagen de perfección, ocultaba mis emociones y me mantenía lo más alejada posible de la vida mundana. Poco después, la vida misma se encargaría de darme los golpes necesarios para obligarme a soltar los amarres del ego; uno de ellos me lo dio el señor Santiago.

Cuando llegué a España para recorrer el Camino de Santiago había superado tantas pruebas que me consideraba una mujer realmente transformada. Tenía poca información acerca del Camino Celta, pero sabía que su dirección sigue la Vía Láctea, que caminar por una ruta sagrada abre las rutas del alma, y quería abrir esa puerta en mi corazón. Aún estaba oscuro cuando inicié la caminata, a eso de las cinco de la mañana. Viajaba sola, por supuesto, con mi yo aislado de todos. Caminé las primeras dos horas con la expectativa de continuar igual, en silencio, con nadie más que conmigo misma, con el sonido de mis pasos y el mantra repetido una y otra vez en mi cabeza, mi mochila a la espalda, sin linterna y sin el bastón de "caminante", adivinando mis pasos para no caer en algún hoyo, y sin la menor idea de lo que estaba a punto de ocurrir.

El Camino de Santiago representó el crac de los paradigmas a los que continuaba fielmente aferrada, con una terquedad que me mantenía ciega: apegada a lo que se supone correcto, lo necesario, lo aprendido y lo ignorado, aunque anduviera por la vida como si lo supiera todo. Nada de lo que supuse que sería fue. Todo se mezcló en un vaivén de sorpresas que me obligó a soltar las expectativas, lo que creía de mí misma y el control. El camino que suponía soledad y silencio se convirtió en la ruta de la compañía, en el que cada encuentro tuvo una razón de ser nada casual; la alianza, la risa, el juego, el canto, las anécdotas, las intimidades, las confesiones, la escucha, el apoyo incondicional y el amor hacia personas que nunca había visto, pero con las que tenía enlazado mi destino aunque sólo fuera por unos momentos.

Llevaba dos horas de recorrido cuando se acercó un hombre con acento español, que resultó ser madrileño. Me preguntó a dónde iba y le contesté que a Santiago. Él soltó la carcajada: "¿A Santiago?, entonces vienes conmigo. Y en efecto, él se convirtió en la esencia personificada del camino mismo. Caminamos al mismo ritmo convertidos en aliados hasta llegar al primer albergue donde conocimos a otros caminantes de distintas partes del mundo. En un instante él y yo fuimos amigos íntimos, hermanos, apoyo solidario con quienes compartimos la cena, el vino de mesa, la tarta de almendras, la voluntad inquebrantable. En cada cruce del camino tejimos con nuestros pasos la hermandad de lo fortuito.

Lejos de vivir una experiencia de soledad, el camino fue la revelación del contacto humano, íntimo, compasivo e incondicional. En la contemplación de lo que es, sin otro propósito que caminar por el caminar en sí, por primera vez escuché el silencio de mi mente. Pude reír a carcajadas y llorar de asombro para descubrir que el silencio que requiere el alma no es el que viene de fuera, sino el que surge de un estado de serenidad, sostenido en el continuo del *ahora*.

También descubrí que la magia surge cuando mis ojos cruzan el puente de conexión que va hacia la mirada del otro y al permitir que el otro penetre en la mía, dejándolo tocar una intimidad incapaz de defenderse. El Camino de Santiago es la entrega, auténticamente simple, de quien camina ligero, con el alma abierta; la sonrisa franca del que se sabe caminante por el asombro de contemplar la majestuosidad de los paisajes, por abrir el oído para escuchar los pasos invisibles del guardián que va detrás de mí y ver de reojo su sombra que brinca de un lado al otro para hacerme saber que no voy sola.

Y también, por supuesto, el camino fue la prueba de lo que podía yo lograr. Caminar 30 kilómetros diarios para llegar en la fecha prevista a Santiago de Compostela era algo que nunca, ni en mis mejores momentos, hubiera imaginado que sería capaz de lograr. Podía sostener un ritmo de 15 kilómetros al día, pero los últimos... ¡Joder! Cada vez que decía no puedo más, la voz de Fernando me rescataba: "Anda guapa, que sólo faltan cinco kilómetros". Y cuando era él quien intentaba renunciar, yo lo animaba: "Anda guapo, en cuanto pasemos la loma, crucemos el río, entremos a la ciudad y nos arrastremos al hostal, podremos darnos un baño para festejar el día, junto con sopa caliente y una copa de buen vino". Y así logramos terminar la ruta celta, sin otra pasión que seguir la flecha amarilla, sin más sorpresa que escuchar a los árboles que saben reconocer los pasos del caminante: *buen camino peregrino.*

Santiago también me enseñó a trascender los límites del dolor: ir más allá de las ampollas, la tendinitis, los ligamentos lastimados y el cansancio para aprender a sacar fuerza de ese lugar desconocido que se llama voluntad. ¿Qué hace al peregrino llegar al siguiente albergue? El propósito de llegar. No hay más.

> Con orden y tiempo se encuentra el secreto
> de hacerlo todo, y de hacerlo bien.
> PITÁGORAS

Ésta es, pues, una invitación para que adoptes una disciplina que rompa con las viejas estructuras de la disciplina tradicional. Requiere, sin embargo, de toda tu voluntad para que reajustes la ruta de tu vida. ¿Estás dispuesto?

Entonces, ¿cuál es el tipo de disciplina propuesta basada en una práctica que te lleve hacia el gozo de tu vida cotidiana y se enlace con lo sagrado sin que tengas que pasar el día de rodillas rezando, ni aislado en un monasterio, ni meditando largas horas para llegar al nirvana, ni caminar por la vida vestido de blanco para dar tu bendición a cuanta persona se cruce en tu camino, te permita vivir sin temor de recibir el castigo divino si no sigues los dictámenes de una institución, llena de creencias y supersticiones, como si un dedo proveniente del más allá te siguiera las veinticuatro horas y juzgue cada acto y cada pensamiento? ¿Cómo sería tener una disciplina que tampoco sea tan rígida que amenace convertir tu hogar en un regimiento militar?

La "nueva" concepción de la disciplina que te propongo obedece a un orden más natural, que obligado; tan natural que pasa desapercibido. Son los límites necesarios para no caer en la deriva del caos; el límite que necesita la noche para convertirse en día; el límite del mar para ser tierra. El movimiento del universo se basa en lineamientos precisos de los que surge la armonía. El planeta da una vuelta completa sobre sí mismo cada veinticuatro horas, no se le ocurre girar más lento porque un día se siente cansado, ni más rápido porque tiene prisa. Los planetas siguen la misma velocidad en su movimiento de traslación alrededor del Sol, no hay uno que diga: "Mira nada más qué lenta es la Tierra, estos terrícolas con su calma eterna siempre quedan en tercer lugar...". Orden es sinónimo de vida.

No se trata de lo que *tienes* que hacer, ni de que lo hagas por *temor.* Lo que mejor funciona en la propuesta de la disciplina sagrada es meditar por el gozo de observar cómo tu mente entra paulatinamente en el silencio; tomar agua para sentir el placer de hidratar tu organismo; comer sano por amor a ti mismo y porque sabes que los nutrimentos que ingieres te dan salud; hacer el ejercicio que más te guste por sentir cómo te llenas de energía; de reconocer que la fuerza del amor es la divinidad inherente a ti mismo, en el otro, en la esencia de la vida.

La disciplina sagrada no se basa en tener que hacer las cosas sin disfrutarlas, sino en la capacidad de nutrir tu cotidianidad con el propósito único de nutrirla. La activación de las neuronas cerebrales, la regeneración celular, el fortalecimiento de todo tu organismo para alcanzar la tan añorada "fuente de la eterna juventud" y la iluminación se logran con acciones simples, pero continuas. Quizá se escuche complicado, pero no lo es. Lo más simple es lo más profundo, porque la profundidad está sostenida por la simplicidad.

Tu vida se sostiene gracias a la nutrición del cuerpo, a la nutrición de la mente y de las emociones; a la nutrición del alma y del espíritu.

La disciplina sagrada busca la atención cabal de todos los ámbitos.

Nutrimentos del cuerpo

Los nutrimentos que necesita el cuerpo son los más conocidos. Son los hábitos que ya sabes que deberías tener, no necesariamente para bajar de peso, sino para equilibrar la salud de todo tu organismo. Están sostenidos por cuatro ingredientes básicos:

a) **Alimentos sanos.** De preferencia orgánicos, bien balanceados de acuerdo con tu edad, sexo y ocupación. Hay que consumirlos de 3 a 5 veces al día.

b) **Agua.** Mucha agua, agua simple y pura; de 2 a 3 litros diarios.

c) **Ejercicio físico.** Es indispensable para fortalecer los músculos y los huesos, estirar los ligamentos y tonificar cada uno de tus órganos. Escoge el ejercicio que más te guste: no importa si es caminar, correr, nadar o hacer yoga. ¿Con cuál te sientes feliz? ¿Cuál eleva tu energía? Ése es el adecuado para ti.

d) **Descanso.** Procura cumplir con tus ciclos de sueño dentro del horario nocturno para activar las hormonas. El descanso es parte fundamental para la regeneración celular.

NUTRIMENTOS DE LA MENTE

Los nutrimentos de la mente están basados, evidentemente, en los anteriores; pero vamos a agregar también al menos dos más:

a) **Lectura.** Está comprobado que la lectura ejercita el cerebro y contribuye a ampliar las zonas cerebrales. Yo sugiero que leas no sólo información que suene "importante" o muy seria, sino libros que impliquen una contribución para tu vida, desde el bienestar hasta el entretenimiento. No hay mejor aliado que un buen libro, ése que llevas a todas partes y que no puedes dejar de leer, con el que viajas, con el que esperas, con el que haces fila en el banco, en lugar de refunfuñar por la pérdida de tiempo. Cualquier tema es bueno para nutrir la mente: puedes conocer otras culturas, abrir el campo de la imaginación, aprender historia, adquirir herramientas para la vida. Siempre que salgo a la calle voy con un libro en la mano; los libros son artículos de primera necesidad.

b) **Expresión creativa.** La autoexpresión te da capacidad de ser auténticamente creativo. No tienes que ser pintor, escultor, músico, escritor o actor. Puedes expresar tu creatividad en la cocina —aunque ojo: tampoco tienes que ser chef—; en la decoración, en la manera de vestirte o en cualquier forma en la que tu capacidad creativa pueda salir a la luz. Por otra parte, la expresión de la sociedad se basa en el acervo de su cultura, y la nutrición de la mente también pasa por esa apreciación al participar en ella. Piensa en toda la información que conocemos de la antigüedad gracias a la cerámica, la pintura, la escultura y la literatura que hemos conservado. Cuando un artista crea una obra de arte, está plasmando la fuerza del espíritu en su creación, y cuando tú la observas, sostenido por el aprecio, estás llevando los mismos nutrimentos a tu vida. De modo que cuando inviertes un poco de tu tiempo en escuchar una pieza musical, observar una pintura o una escultura, no sólo honras al autor, sino que alimentas tu alma con los mismos elementos que el artista plasmó en su obra. Lo mismo sucede con la literatura, el teatro y el cine.

> Todas las personas tienen la disposición de trabajar creativamente. Lo que sucede es que la mayoría jamás lo nota.
>
> TRUMAN CAPOTE

NUTRIMENTOS DEL ALMA

Los nutrimentos del alma son, por desgracia, los más descuidados en la actualidad, a pesar de su importancia primordial para una vida plena y armoniosa.

a) **Respiración.** Existen muchas técnicas para realizar ejercicios de respiración, que abarcan todos los niveles: físico, emocional y espiritual. Más allá de las peculiaridades de cada una de ellas, es importante que seas al menos consciente de tu respiración: que respires profundo, que recuerdes que tu herramienta más cercana para sacarte de momentos difíciles, para regresarte a la calma y llenarte de confianza, es la respiración. Respira profundo y descubre cuánto puedes expandir tus pulmones, la sede de la alegría.

b) **Meditación.** También existen muchas técnicas para meditar. Escoge la que mejor vibre contigo. Lo importante es que practiques 20 minutos de meditación al despertar y 20 minutos antes de dormir. Verás cómo cambia tu frecuencia energética para que puedas sostener el estado de serenidad y alegría el resto del día. La práctica te ayudará también a tener una mejor calidad de sueño durante la noche. La meditación aquieta la mente y lleva al silencio; pero el silencio que requiere el alma no es el externo, sino el silencio interno: el de una mente en paz que descansa sobre un corazón abierto.

c) Contemplación. Esta práctica es muy sencilla: se trata de que aprendas a observar las manifestaciones de la naturaleza. Aun si vives en la ciudad, detente un momento y deja la prisa a un lado, para que puedas apreciar la salida del Sol o el atardecer, el vuelo de los pájaros, el azul del cielo, el caer de la lluvia, los árboles y las flores. De cualquier manera, procura salir al campo o al mar tan seguido como te sea posible. Si vives lejos de la gran ciudad, eres privilegiado: sólo necesitas detenerte, pararte unos instantes, contemplar el entorno en el que te encuentras y llenarte de asombro.

d) Comunica y escucha. No se trata de hablar por hablar, sino de comunicar a tiempo cualquier asunto que necesites expresar, y de saber escuchar, por tu parte, lo que el otro tiene que decir, sin interrupciones, juicios o interpretaciones. Asimismo, la comunicación se basa en la capacidad de expresar con libertad emociones como el llanto. Se trata de que puedas liberar la tristeza, el dolor y la desesperanza con la confianza de ser sostenido por las aguas compasivas de tus propias lágrimas; y también de que puedas llorar de alegría, de amor y de gozo. En mi experiencia he visto que las personas que desarrollan un tumor en el mediastino son aquellas que no pueden llorar.

e) Apertura de la sensibilidad. Esta práctica te dará la capacidad de conectar el mundo de fuera con el de dentro, a través de la apertura de los cinco sentidos para pasar al sexto: sentir el pasto en la planta de los pies, abrazar árboles, el roce del agua en la piel; escuchar el canto de las aves, recibir la caricia del viento, saborear con lentitud la comida, admirar el vuelo migratorio de las aves, recibir la sutileza de una mariposa en la palma de la mano; llenarte de gozo por las tonalidades del atardecer, agradecer al conejo de la luna llena su influencia psíquica en el salto de la conciencia; y por supuesto, que tu corazón se abra y se entregue amorosamente a otra persona que bien puede ser tu pareja, tu hijo, un maestro. Cuando lo logras se abre la puerta de la percepción: el sexto sentido; escuchas lo que el otro calla (ojo: escuchar no es interpretar), percibes los mensajes en la voz del viento, instintivamente cierras los ojos para ver la verdad oculta, tocas lo que sucede y permites que entre el silencio al lugar donde habita la confianza.

f) Contacto. La piel es el órgano más grande del cuerpo humano y la puerta de entrada al cuarto chakra, la sede del alma. A través del contacto, el alma vibra en sutiles pulsaciones de ternura que la expanden a frecuencias superiores de energía. Se ha dicho que la energía curativa más poderosa del universo es el amor. Sé que suena cursi, trillado, como de anuncio de televisión; sin embargo, se ha demostrado que el sistema inmunológico de un bebé se eleva cuando es apapachado, acariciado y arropado con abrazos. También podrás comprobar que los médicos que más curan son los más cálidos. El abrazo es la expresión más generosa que puedes dar a otro ser humano: abraza. Recibir un abrazo es el regalo más compasivo que puedes darte a ti mismo: déjate abrazar.

g) Juego. Esta actividad tan básica la dejamos de lado cuando llegamos a la edad adulta, creemos que jugar es una acción exclusiva de la infancia. Y entonces construyes tu vida basado en la creencia de que tus logros sólo se obtienen con el esfuerzo, con el sudor de la frente y el sufrimiento necesario para evolucionar. Sin embargo, lo que da sentido a tu vida es que aprendas a jugar con ella. Los maestros lo llaman "el juego espiritual" y se trata de que te des cuenta, conscientemente, de que ya llegaste. Date la bienvenida de una vez. Juega con tu vida, incluye la risa. Te sugiero pasear por el parque, darle de comer a los patos, caminar con tu perro, mecerte en los columpios, andar en bicicleta, patinar, participar en juegos de mesa. Y también, por supuesto, pasar tiempo a gusto con tus amigos: reír a carcajada limpia rejuvenece. Jugar abarca todos los niveles, desde el físico hasta el espíritual, ya que la hipófisis y las glándulas suprarrenales, liberan las hormonas necesarias para mejorar tu bienestar.

h) Pausa. En esta era en la que "el tiempo es oro" la civilización occidental sufre de una enfermedad altamente contagiosa: la prisa. La prisa, amiga de la visión del mundo que valora por encima de todo la productividad a altas velocidades, se comió a la pausa en su voracidad. Así que la tierra dejó de tener pausas para su regeneración en la producción agrícola, los animales de ganadería dejaron de tener pausas para su reproducción y nosotros mismos no podemos estar fuera de la jugada: ya se nos olvidó lo que es la pausa. Una pausa es una breve interrupción de movimiento o acción; según la Real Academia Española, descansar significa "reparar las fuerzas con la quietud". Así como la tierra y los animales necesitan del descanso, así también lo necesitas tú. Pero el descanso ha pasado a ser juzgado y satanizado como un peligro que hay que evitar; entonces la tierra se llena de fertilizantes químicos, los animales son alimentados con hormonas y tú procuras tener cada minuto ocupado, duermes lo mínimo y, si por casualidad tienes un poco de tiempo libre, rápidamente buscas algo que hacer: no te vaya a invadir la flojera. Pero debes saber que, así como la glándula pineal necesita de oscuridad para liberar melatonina, la regeneración celular sólo ocurre en posición horizontal o cuando te dejas de mover; la meditación es un buen recurso para el estado de quietud. El descanso otorga salud al cuerpo, serenidad mental y paz. Te sugiero reservar un día a la semana para hacer una pausa completa. Y, si puedes, date una pausa mayor de siete días seguidos, por lo menos, una vez al año (aunque lo ideal es considerar dos veces en un ciclo anual).

i) Gratitud. Es el elemento que sella todo lo anterior. No se trata de ser muy educado, sino de llevar la gratitud a la conciencia, no como concepto filosófico o formalismo social, sino como un estado de conciencia que te permita ser la gratitud personificada, de tal manera que tu vida esté sostenida por el amor y envuelta en el agradecimiento por este milagro que se llama vivir.

Nutrimientos del espíritu

La práctica de la meditación es el mejor nutriente para el espíritu. Empieza por sentarte a meditar 20 minutos por la mañana, para que hagas contacto con tu Ser superior. Después, mantén el estado de meditación durante el resto del día, se llama *estar presente o atención plena.*

La magia consiste en pasar de lo cotidiano a lo sagrado, y de lo sagrado a lo cotidiano, con absoluta naturalidad, de tal manera que una parte de tu vida esté integrada en la otra y viceversa. Lejos de falsas morales, la sacralidad está sostenida por la danza entre el ser y el hacer: por la veracidad de quien eres, la congruencia de lo que dices y la integridad de tus acciones.

Cuando tu vida está sostenida por la disciplina amorosa, los días dejan de ser una rutina gris para pasar del hastío a la gratitud por cada acto, porque llevas lo más preciado que se te ha otorgado: el pasaporte hacia la evolución.

Lo único que necesitas es saber que eres un telar de hilos translúcidos, lleno de formas como las figuras de un mandala, a través de los cuales corre la energía que te hace estar vivo, conectado a las hebras de la naturaleza, de todo ser viviente, y también a la memoria legendaria de tus ancestros. Eres el artesano que teje la experiencia para enlazarse al gran telar del universo, el cesto materno que lo contiene todo.

CAPÍTULO II

LOS CHAKRAS Y LA ENERGÍA

EL CUERPO HUMANO Y EL ESTADO AMOROSO DE CONCIENCIA

De todo el universo, el cuerpo humano es el diseño arquitectónico por excelencia. Su creación mágica y misteriosa debió de haber llevado infinidad de tiempo y requerido una mente brillante que combinara exactitud, precisión y armonía en el diseño, de modo que el engranaje de cada una de sus piezas fuera exacto y puntual. No hay nada en nuestro organismo que esté de más, que sea inútil o que no tenga causa para estar en donde está y para funcionar como funciona.

Así de precisa es esta maquinaria, otorgada al ser humano para recibir y custodiar la fragilidad del alma. Pero además de precisa, es divina: en el momento de nacer, con el primer llanto que anunció la certeza de que estás vivo, entró en tu cuerpo el aliento para darte un espíritu. No sólo fuiste creado como máquina perfecta: se te otorgó, además, el atributo de ser dios creador de tu propia vida. El libre albedrío empezó a funcionar.

El cuerpo humano es perfecto, divino y hermoso. Es el medio del que se vale tu alma para relacionarse con la realidad concreta y la vida cotidiana. Tu existencia como ser humano es un regalo. Si piensas que estás aquí por casualidad, que debiste de haber nacido en otro país, en una época anterior, en una familia distinta o en circunstancias completamente diferentes a las que tienes, debo desengañarte: no es así. Estás en donde tienes que estar, en esta época, en el país en el que naciste y con quienes convives: ahí, con esa familia o sin ella, rico o pobre, intelectual o campesino, obrero o negociante. Nada en tu vida está por error ni es casualidad.

Antes de nacer, te dieron un cuerpo. Esto tampoco es casualidad ni error: no eres perro, gato, caballo, vaca, ni mariposa y, aunque te encanten las aves, tampoco eres colibrí. Eres un ser humano. Si te miras al espejo, verás que tienes ojos, nariz, cejas, boca, cuello, un tronco con dos brazos, dos manos con cinco dedos en cada una, dos piernas, dos pies, cinco dedos de cada pie y un ombligo. Y si observas a cualquier ser humano que se pare frente a ti, familiar, vecino o desconocido, te darás cuenta de que es exactamente igual que tú. Con algunas diferencias, quizá, puede tener otro color de piel o distinto sexo, ser más alto o más delgado. Y sin embargo, es igual a ti. Si miras un poco más, verás que los dos tienen cerebro; no sólo eso, te darás cuenta que ambos piensan y tienen sentimientos; y si vas más al fondo, descubrirás que ambos están dotados de un alma. Sin embargo, es probable que ambos piensen no sólo que son distintos, sino que están en ese cuerpo por error. Tu humanidad te da el privilegio de descubrir que, aunque tengas una individualidad clara y definida, en esencia, todos somos iguales. Por tanto, ¿qué crees? No estás solo.

Si tú y yo somos iguales, si estamos dotados de los mismos atributos, si ambos tenemos un alma y somos espíritu, ¿cómo crees que es Dios? ¿Y cómo crees que somos tú y yo realmente, más allá de lo que ven tus ojos?

Cuando naciste te reconocieron como un bebé perfecto. Te contaron cada uno de los dedos de las manos y de los pies. Miraron el contorno de tus pequeñas piernas, de tus brazos y más de una persona alabó que fueras sano y gordito. O tal vez naciste largo y flaco, o quizá pequeña y toda finita. De cualquier manera que haya sido, la persona que te sostuvo experimentó la felicidad más profunda: la de tener a ese pedacito de ser acunado en sus brazos. El día que sonreíste por primera vez, todos rieron contigo y cualquier cosa que hicieras era digna de asombro y admiración. Alguien, aunque fuera una sola persona en este mundo, te cargó con amor y tú te dejaste cargar, con la certeza de ser amado, sostenido en la confianza que da una mente serena y un corazón abierto. Si no hubieras sido sostenido con amor, no estarías vivo ahora.

Con el paso del tiempo, esa maravilla de maquinaria, de ingeniería milagrosa que te hace tener existencia en este mundo, empieza a fallar. Algo deja de funcionar como debiera de ser: surge la enfermedad, la debilidad, el agotamiento, el envejecimiento prematuro, y esa chispa de vida que te impulsa a levantarte cada mañana comienza a desvanecerse como vela a punto de extinción. En lugar de mirar la existencia como un milagro, la vida se convierte en el pesar cotidiano de los días. Y ahí vas, arrastrando los pies para ir a trabajar, maldiciendo a cualquiera que se cruce en tu camino, ensuciando las calles por donde caminas, no sólo de basura, sino de la repetición incesante de pensamientos obsesivos que deja una estela oscura a tu paso. La contaminación del ambiente no sólo proviene del esmog, ni del ruido de las grandes ciudades, sino de la aglomeración de estos pensamientos que taladran la mente con su absurda repetición. Lejos de agradecer los atributos que llevamos desde la creación, los seres humanos sufrimos una especie de ceguera colectiva, amnesia y eterna insatisfacción. "Nada es suficiente, no alcanza, yo quiero lo mismo, esto me hace falta y lo otro también, ¿por qué él o ella tienen más que yo?". Así, nos volvemos consumidores del no ser.

Cuando no honramos nuestro cuerpo, lo maltratamos con medidas externas que ponen en riesgo la salud, lo alimentamos con ingredientes químicos y de baja calidad y lo ensuciamos con las más bajas emociones y pensamientos. Para su nutrición, el ser requiere de cosas que son muy simples: respirar, alimentarse sanamente, hacer ejercicio y amar. También necesita observar la naturaleza y permitir que el verde entre a través de la mirada en línea directa al corazón, abrir el oído para escuchar el vuelo de las aves, la caída del agua, la buena música. El ser también se alimenta del buen humor, de reír a carcajadas; de llorar y expresar sus más profundas emociones; de dar y recibir caricias y abrazos; de reconocer que el otro ser es igual a ti y merece ser tratado con la misma dignidad y respeto, con el que quieres ser tratado, por el simple hecho de existir. Entonces, los días dejan de ser rutina gris para pasar del hastío a la gratitud de cada acto, en la que tu vida cotidiana se convierte en sagrada.

La experiencia del amor es el ingrediente indispensable que hace que tu vida sea mágica. Pero la palabra amor suena tan cursi y tan trillada que a veces da miedo mencionarla. La verdad es que cuando amas, la conciencia se expande al grado de sentir que todo está bien como está. El amor no es un concepto, ni un pensamiento positivo, y tampoco es un sentimiento: es un estado de conciencia. Cuando el amor se queda en el sentir, la vibración sube o baja condicionada por impulsos y circunstancias al azar: si estás contento, frustrado o si está nublado. El estado de conciencia amorosa es el filtro que te permite estar en una frecuencia más alta. ¿Qué pasa cuando tu vida está sostenida por un estado de conciencia amorosa? No importa si estás cansado, si las cosas no salen como estaban planeadas o si el día está lluvioso. Tu vida estará sostenida por un estado de serenidad y gozo que no tiene nada que ver con los estallidos de alegría, con las carcajadas espontáneas ni con la actitud ingenua de dar un abrazo a todo el que se cruce en tu camino. Existen cuatro atributos que sostienen el estado amoroso de conciencia: la observación, la aceptación, el aprecio y la gratitud; al practicarlos elevas tu frecuencia una octava superior.

La vasija del alma

Sin alma no hay evolución.

Tu cuerpo no camina por un lado, ni las emociones por otro, mientras la mente se enreda con mil pensamientos. No eres un rompecabezas con las piezas desintegradas. Dicen los ancestros que al alma se le ha ofrecido un cuerpo como única oportunidad para gozar de la vida. No puede hacerlo sola, flotando en el ambiente: necesita un cuerpo que la reciba como vasija divina y la custodie como fiel servidor. Un cuerpo que le permita, a través de los cinco sentidos, observar, escuchar, percibir y sentir, absorber el mundo y llenarse de gozo. Un cuerpo que la haga estremecerse cada vez que recibe las pulsaciones del amor, la más pura belleza para nutrirse de la experiencia, porque la sabiduría del alma se engrandece en la medida en que se sumerge en la diversidad de la vida.

Pero este cuerpo, envase del alma, no vive solo ni aislado: habita y nace en el mundo y su organismo está compuesto por los cinco grandes elementos del planeta al que pertenece: tierra (que en el cuerpo humano está representado por los huesos, músculos, ligamentos y tendones), agua (el torrente sanguíneo y los fluidos vitales), fuego (las vísceras), aire (el oxígeno que entra a los pulmones y los bronquios) y éter (el quinto elemento que enlaza a los otros cuatro y pasa a través de las articulaciones). A su vez, está integrado por ocho jerarquías principales: estructura, aparatos, sistemas, órganos, tejidos, células, moléculas y partículas cuánticas. Detrás de éstas, hay pura energía. Esto es lo que somos en realidad, eso que los ojos no pueden ver: un tejido energético perfectamente unido y diseñado.

El alma que habita en el cuerpo no está dormida; está despierta con el impulso de conocer y experimentar la realidad que la rodea. Para lograrlo, sin embargo, requiere canales de comunicación que le permitan relacionarse con el mundo de afuera. Estos medios funcionan como emisarios y mensajeros para hacer contacto con la realidad, absorberla y llevar la experiencia de lo aprehendido a la sede donde habita quien los gobierna: el alma, para quien trabajan incondicionalmente, las veinticuatro horas del día, desde el nacimiento hasta después de su muerte, los cinco sentidos. El sentido de la vista mira y observa, es el mensajero más analítico. El sentido del oído escucha los sonidos y el silencio y, además, está a cargo de comunicar haciendo un enlace entre el oído y la garganta, es el mensajero más diplomático. El sentido del gusto sabe diferenciar las distintas categorías de lo dulce, lo amargo, lo salado y lo insípido, es el mensajero más gozoso, quizá sea el más consentido. El sentido del olfato se conecta con la realidad y activa la memoria a través de los olores: cada persona tiene un olor distinto que va acorde al código de barras que lleva impreso desde el nacimiento; de igual manera, cada cultura, y cada país tienen un olor que los caracteriza como único e irrepetible, es el mensajero que otorga el estado de pertenencia. El sentido del tacto es el mensajero encargado de poner límites, da y recibe a través de la caricia y el abrazo, y también, es el agricultor que siembra la experiencia en el campo del alma; evidentemente, es el mensajero más amoroso.

Los emisarios habitan en la misma casa y, aunque están en continua comunicación, cada uno tiene su propia habitación. El de la vista, habita en los ojos. El de la escucha, en los oídos. El del olfato, en la nariz. El del gusto, en la lengua. El del tacto, en la piel. De tal manera, es muy importante que cuiden y discriminen lo que absorben, ya que de ello depende la evolución o involución de su proceso. A partir de ellos el alma empieza a cumplir con su objetivo, el de estar encarnada a través de observar, escuchar, saborear, oler y sentir. Y su sabiduría se enriquece cuando utiliza al sexto emisario: la percepción, el sentido que une y enlaza a los otros cinco.

Así pues, a lo largo de una vida, el alma experimenta nueve cambios o transformaciones, a través del cuerpo que se le otorgó para poder evolucionar:

- **1º.** Gestación. Entrada del alma
- **2º.** Nacimiento
- **3º.** Crecimiento y adaptación
- **4º.** Permanencia y aprendizaje
- **5º.** Creación
- **6º.** Maduración
- **7º.** Envejecimiento
- **8º.** Muerte física del cuerpo
- **9º.** Salida del alma

Pero sucede que, en esta suerte de amnesia colectiva en la que vivimos, también nos olvidamos de honrar las etapas de la vida. Olvidamos que el decaimiento natural, conocido bajo el término de "madurez y vejez", es sabiduría acumulada, el ser poderoso y maduro que sabe quién es, a qué vino y cuál es su legado.

Hoy escondemos nuestra edad, nos da vergüenza decir que ya pasamos de los 50. Y a pesar del enorme deseo de alargar nuestra juventud, paradójicamente pasamos parte de nuestra vida mal alimentados, sin hacer ejercicio, ensuciándonos con las más bajas emociones y pensamientos. Recurrimos a operaciones estéticas, nos inyectamos sustancias químicas y hacemos cualquier cosa, sin importar que atentemos contra nuestra salud. Es posible prolongar la juventud trabajando directamente con la regeneración celular, a través de una práctica cotidiana basada en la meditación, medios naturales, orgánicos y holísticos. Sin embargo, no sólo descuidamos la vasija sagrada —nuestro cuerpo— que se nos otorgó para el cuidado del alma, se nos olvida que, con el paso del tiempo, necesitamos identificarnos como un alma sabia.

El alma es como el espíritu del árbol. El que más admiramos suele ser el de un tronco ancho, corteza gruesa y raíces enormes, con el follaje majestuoso del sauce, la ceiba o el tule que cobija con su sombra a quienes se acercan a él. El árbol milenario lleno de mitos y leyendas en el que han llorado personajes famosos, el que lleva grabada la historia del mundo, el que recibe el dolor de los hombres como monje de claustro, el que escucha a la humanidad como santo milenario, el que protege tus secretos con dolor compasivo, el que salvaguarda las almas de los niños por nacer y luego las libera con el vuelo de las golondrinas. El árbol que mueve sus ramas cada vez que te acercas para darte la bienvenida y toma la luz de tu ombligo para enlazarla a la luz de sus raíces hasta que tu corazón se expande, primero de asombro y luego de gozo, por el simple hecho de estar ante la presencia del árbol más anciano, el más sabio, el más amado.

De la misma manera, la base de tu columna vertebral está sostenida por un gran árbol, de raíces fuertes y tronco ancho, con el follaje majestuoso para dar cobijo a todo aquel que se acerque a pedir la sombra de tu comprensión silenciosa, con la fortaleza para dar apoyo a tu descendencia y la sabiduría para cuidar de tu linaje.

Los hilos del telar

La estructura del cuerpo físico está sostenida por un cuerpo sutil, el cual a la vez está compuesto por filamentos de energía, ruedas y conexiones invisibles para los ojos físicos.

Somos un gran telar en el que todos los hilos están unidos y son interdependientes. En este tejido no sólo los órganos dependen unos de otros: lo que sucede en la uña del pie afecta a todo el organismo, y tanto nuestras emociones como nuestros pensamientos positivos o negativos tienen repercusión inmediata en el cuerpo físico, manifestándose como bienestar, salud y alegría; o bien, en molestia, dolor y enfermedad.

La vasija divina está compuesta de filamentos de energía sutil, que a su vez forman una energía cada vez más densa y compacta hasta llegar a la maquinaria que llamamos cuerpo. Lo que nos compone —el alma, los pensamientos y emociones, lo consciente y lo subconsciente, nuestra realidad tangible y la intangible— está integrado y unificado en la totalidad del ser. Aunque a veces parezca que el telar que nos conforma se deshila o se enreda, no hay manera de salirnos del marco que lo contiene.

Para empezar a conocer el cuerpo sutil nos vamos a basar en ciertos conocimientos que debemos a la sabiduría oriental, sobre todo de la India; no porque ahí se encuentre todo el conocimiento sobre la energía, sino por la difusión que esta sistematización ha tenido en los últimos cien años. Lo fundamentalmente importante es que esta información te sirva para saber que eres algo más que un cuerpo físico. No se trata de hacer un estudio complicado, pues ya hay varios libros publicados al respecto, aunque normalmente están dirigidos a especialistas. La intención es que este conocimiento quede sembrado en tu experiencia, que llegue de manera conjunta a tu mente y a tu corazón, de tal manera que se convierta en una herramienta práctica para tu vida cotidiana, como un aliado fiel.

La energía kundalini y los chakras

Chakra es una palabra sánscrita que quiere decir "rueda de energía". En este libro se abarcarán ocho ruedas principales que corren a lo largo de la columna vertebral; y los tres canales centrales del cuerpo sutil humano, conocidos bajo el nombre de *Nadis*.

En su totalidad energética, el ser humano posee tres canales de energía sutil que están enroscados en la base de la columna vertebral:

- Canal de la energía central o *Nadi Sushumna.* Está ubicado en el centro de la columna vertebral y pasa a través de ésta, desde su base en el coxis hasta la coronilla.
- Canal de la energía femenina o *Nadi Ida.* Es portador de la energía lunar. Empieza y termina en la parte izquierda del *canal Sushumna*, desde la base de la columna hasta la fosa izquierda de la nariz. De naturaleza femenina, es la energía materna hacedora de vida que nutre y purifica.
- Canal de la energía masculina o *Nadi Pingala.* Es portador de la energía solar, empieza y termina en la parte derecha del *canal Sushumna*, desde la base de la columna hasta la fosa nasal derecha. De naturaleza masculina, es el almacén de la energía que consumimos al realizar la actividad muscular que requiere fuerza física y velocidad.

Cuando la energía enroscada en su base se activa, sube por el primer canal *Sushumna*, por el centro, a lo largo de la columna, y se manifiesta como la energía primordial que da fuerza vital tanto al cuerpo físico como al cuerpo sutil. En las tradiciones orientales se conoce como *energía kundalini.*

Los otros dos canales, *Ida y Pingala*, representan la dualidad que sostiene el balance y equilibrio de la vida: lo blanco y lo negro, lo positivo y lo negativo, el yin y el yang, lo femenino y lo masculino, la razón y la intuición, la acción y la pausa. Se hallan juntos en la base de la columna vertebral en donde se encuentra la energía kundalini enroscada en el primer chakra, tres vueltas y media. Conforme se activa la energía de ambos canales, ascienden por la izquierda y la derecha; pero no suben paralelamente, sino que se cruzan en seis etapas intermedias, en cada una de las cuales se encuentra una rueda de energía o chakra, hasta llegar al chakra de la visión, en donde los *Nadis* vuelven a juntarse para alcanzar la unidad. Puedes ver este movimiento en la Figura 1.

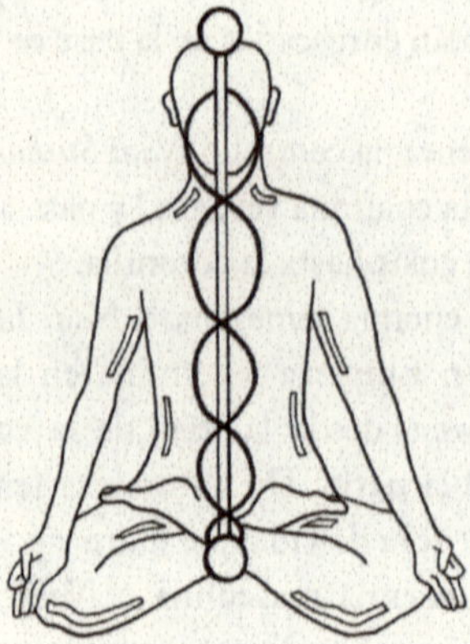

Figura 1.

Los ancestros dicen que *kundalini* es la serpiente dormida, enroscada tres veces y media en el primer chakra, una energía traslúcida con todos los colores del arcoíris. La fuerza que despierta a la serpiente dormida es la energía que entra a través del chakra del corazón: el amor. Y entonces, kundalini asciende en movimientos serpentinos tocando con su cabeza el núcleo de cada uno de los chakras, hasta llegar a la coronilla. El toque en los chakras sexto y séptimo produce la visión de la perla azul: el asiento del ser superior, el estado de iluminación. Sin embargo, los pensamientos negativos se acumulan en el canal *Suchumna* y la acumulación produce un tapón energético que impide el ascenso de la kundalini. La única manera de limpiar el canal es el trabajo disciplinado de la meditación.

> El Caduceo de Mercurio, utilizado por Hermes Trismegisto, el sabio ocultista egipcio, se emplea en el mundo occidental como símbolo de la medicina. Lo que muchos no saben es que este

> símbolo representa el funcionamiento de cada chakra o rueda de energía: una vara con dos serpientes que salen de la base y se cruzan, en su movimiento ascendente, varias veces hasta llegar a la imagen del tope: dos alas extendidas o dos cabezas de serpiente que se encuentran una frente a la otra. Cada cruce de las serpientes es la localización de un *chakra*; la serpiente es la representación ancestral de la energía *kundalini* y las alas extendidas representan la realización del ser. Lo que también indica que el conocimiento de los chakras no es exclusivo de la India, sino que pertenece a todas las culturas del mundo.

Los chakras están situados a lo largo de la columna vertebral. Aunque pertenecen al cuerpo sutil y no pueden verse con los ojos físicos, tienen relación directa con el cuerpo físico y sus funciones. De tal manera, las emociones y los pensamientos causan tu realidad, y éste es el poder de la intención. La unión de la mente con el corazón, generando con poder lo que desea manifestarse en tu vida cotidiana.

El primer chakra o rueda de energía está situado en el área del coxis.

El segundo chakra o rueda de energía se encuentra entre el púbis y el ombligo.

El tercer chakra está situado en la boca del estómago, entre las costillas flotantes.

El cuarto chakra se halla en el centro del pecho.

El quinto chakra está situado en el área de la garganta.

El sexto chakra está ubicado en la frente, entre las dos cejas.

El séptimo chakra de energía, justo en la coronilla y sobresale de la cabeza.

El octavo chakra es, ni más ni menos, el ombligo y está ahí mismo.

Cada uno de los cinco primeros chakras está asociado a un elemento concreto: el primero a la tierra, el segundo al agua, el tercero al fuego, el cuarto al aire, el quinto al éter. El sexto y séptimo chakras no están asociados a ningún elemento concreto por pertenecer al campo del cuerpo sutil. El octavo , en la región del ombligo, es la unión de la tierra y el agua. Como puedes ver, los elementos

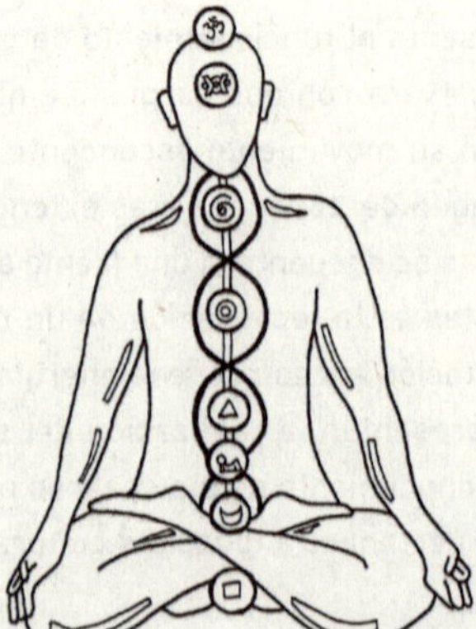

naturales del cuerpo físico, al ser los mismos que existen en el planeta, se interrelacionan con el flujo de comunicación que permite al alma sentirse en casa para cumplir con su propósito de encarnación.

El medio de comunicación entre la energía sutil y el cuerpo físico: el Periférico de los chakras

¿Te has preguntado cómo se comunican estas ruedas de energía y cuál es el intercambio de información entre el cuerpo físico, el cuerpo sutil, el alma y el mundo que nos rodea?

El cuerpo sutil está constituido por una red de comunicación periférica, vías rápidas, cruces, puentes y puertas de entrada y salida, que permite el intercambio de información entre el alma, los chakras, el cuerpo físico (glándulas, órganos, células, átomos, moléculas y partículas cuánticas) y la realidad que desea manifestar para después llevar la experiencia de regreso al alma.

Nuestra energía está totalmente conectada con el mundo que nos rodea y con las fuerzas del universo. Los chakras absorben las frecuencias del entorno universal, las fragmentan y las envían —a través del canal central Sushumna que circula a través de la columna vertebral y de los Nadis, los canales de energía femenina y masculina que van al lado de Sushumna, desde el coxis hasta la cabeza—

al sistema nervioso, a una glándula endócrina específica y a la sangre, para nutrir el cuerpo. Además de su función metabólica, el organismo absorbe el conocimiento directo del mundo gracias a la labor que desarrollan los cinco sentidos que, como ya vimos, son los emisarios encargados de llevar la experiencia de la realidad al alma, por sus atributos de observar, escuchar, oler, comunicar, sentir y percibir.

La energía de los chakras tiene su propia circulación, viaja a través de los Nadis y todos trabajan en equipo para la óptima realización del ser. ¿Cómo interactúa esta red energética con el cuerpo físico? Toda la información que captas de la realidad, a través de los cinco sentidos, viaja a toda velocidad, sin paradas y sin tráfico, por un "periférico energético": el sistema linfático. (Cuando el cuerpo se enferma, la vía de comunicación se vuelve lenta y con paradas continuas.) La manera como vives e interpretas tu vida cotidiana, cargada de emociones y pensamientos, causa un impacto que se acumula en el canal Sushumna y se manifiesta en tu estado de conciencia, en tu realidad inmediata y en tus niveles de salud. El sistema nervioso es el primero en recibirla, y después la pasa al sistema linfático. El sistema linfático, a su vez, recibe la información, la condensa, la pasa a las glándulas y éstas al chakra que le corresponde.

Así, los canales de comunicación entre el cuerpo sutil y el físico son las glándulas, de ahí su importancia. Por ejemplo, imagina que hay una crisis económica nacional, la emoción que hay detrás es de miedo; el pensamiento, de escasez; en tu vida cotidiana te paras, es decir, dejas de tomar decisiones y dejas de avanzar. Este delicioso coctel ocasiona un bloqueo en el chakra de tierra, la energía del arraigo, y es probable que también afecte al chakra de fuego, la energía de la valentía. En poco tiempo tendrás problemas con el colon, el hígado y la boca del estómago. Quizá empieces a despertar a las 3 de la mañana con gastritis, de mal humor y creas que lo mejor es salir huyendo o esconderte para evitar problemas mayores. Cuando la energía deja de fluir correctamente, impacta la salud y el bienestar en cualquiera de los chakras y los órganos. Un cambio en el estado de conciencia, que regularmente es ocasionado por altas frecuencias de amor, elimina el bloqueo en el chakra afectado y, de esta manera, es posible recuperar la salud y regresar al equilibrio.

De la acción de los cinco primeros chakras surgen los cinco sentidos físicos: ver, oír, oler, gustar y tocar; cada uno de ellos con un poder de percepción capaz de llevar el mensaje al alma: observar, escuchar, percibir, saborear y sentir. De esta manera, el alma puede nutrir su realidad a través de los cinco poderes para la acción: hablar, caminar, manipular, reproducirse y eliminar.

El cuerpo físico, a su vez, tiene nueve órganos que funcionan como puertas de entrada y salida por donde el alma recibe la información de los sentidos, sus mensajeros: dos ojos, dos fosas nasales, dos oídos, una boca, el ano y los genitales.

Asimismo, tiene ocho glándulas que funcionan como puentes de la energía entre el cuerpo físico y el cuerpo sutil: pineal, pituitaria, tiroides, timo, páncreas, bazo, gónadas (femenina y masculina), y suprarrenales.

Finalmente, existen seis sustancias corporales que funcionan como puertas de entrada entre los chakras y las glándulas. Cada una de ellas requiere ser tomada en cuenta y cuidada, ya que también son parte fundamental del balance armónico, tanto de tu energía como de tu salud. Estas sustancias son: la piel, la carne, la sangre, la grasa, los huesos, la médula y el plasma.

Aunque los chakras pertenecen al cuerpo sutil, éstos sólo existen mientras vive el ser humano. De tal manera, el cuerpo físico con toda su maravillosa ingeniería y el cuerpo sutil, con todos sus canales, ruedas y filamentos de energía, son la vasija tangible y no tangible, visible y no visible, para que habite el alma. Y en cada encarnación, tu vida es el soplo del aliento.

LAS GLÁNDULAS O CANALES DE COMUNICACIÓN ENTRE EL CUERPO SUTIL Y EL CUERPO FÍSICO SON:
Chakra del Arraigo (1ª Rueda de energía): glándulas suprarrenales
Chakra de la Creatividad (2ª Rueda de energía): glándulas gónadas; ovarios y testículos

Chakra de la Voluntad (3ª Rueda de energía): glándula páncreas
Chakra del Amor (4ª Rueda de energía): glándula timo
Chakra de la Comunicación (5º Chakra): glándulas tiroides y paratiroides
Chakra de la Visión (6º Chakra): glándula hipófisis o pituitaria
Chakra de la Conexión (7º Chakra): glándula pineal
Chakra del Ombligo (8º Chakra): glándula bazo
LOS ÓRGANOS QUE PERMITEN QUE CADA UNO DE TUS CHAKRAS SE CONECTEN CON LA REALIDAD SON:
Chakra del Arraigo (1ª Rueda de energía): nariz
Chakra de la Creatividad (2ª Rueda de energía): lengua
Chakra de la Voluntad (3ª rueda de energía): ojos
Chakra del Amor (4ª Rueda de energía): manos
Chakra de la Comunicación (5º Chakra): oído
Chakra de la Visión (6º Chakra): cerebro
Chakra de la Conexión (7º Chakra): retina.
Chakra del Ombligo (8º Chakra): vértebras lumbares
LOS EMISARIOS DEL ALMA ENCARGADOS DE LLEVAR LA EXPERIENCIA A LOS CHAKRAS SON:
Chakra del Arraigo (1ª Rueda de energía): olfato
Chakra de la Creatividad (2ª Rueda de energía): gusto
Chakra de la Voluntad (3ª rueda de energía): ver y observar
Chakra del Amor (4ª Rueda de energía): tacto
Chakra de la Comunicación (5º Chakra): escuchar
Chakra de la Visión (6º Chakra): percepción
Chakra de la Conexión (7º Chakra): videncia
Chakra del Ombligo (8º Chakra): pertenencia
LOS ÓRGANOS QUE CADA CHAKRA REQUIERE PARA ESTAR EN ACCIÓN SON:
Primer chakra: ano
Segundo chakra: genitales

Tercer chakra: piernas y pies
Cuarto chakra: corazón
Quinto chakra: boca
Sexto chakra: tercer ojo
Séptimo chakra: tercer ojo
Octavo: ombligo
LAS SUSTANCIAS QUE FUNCIONAN COMO PUERTAS DE ENTRADA Y SALIDA PARA CADA CHAKRA SON:
Primer chakra: piel
Segundo chakra: sangre
Tercer chakra: masa muscular
Cuarto chakra: grasa
Quinto chakra: huesos
Sexto chakra: médula ósea
Séptimo chakra: coronilla
Octavo: plasma

Programa de acción para el equilibrio y salud de tus chakras

Una vez que hayas recorrido cada chakra, te encontrarás con un apartado de acción que podrás poner en práctica para alcanzar el equilibrio que necesitas. Lo único que requieres es: honestidad, creatividad, constancia y voluntad.

Encontrarás un cuestionario que deberás responder y cuyas respuestas sólo te incumbirán a ti, y el listado de actividades a realizar. Mira cuáles son los aspectos más importantes que quieres trabajar ¡y manos a la obra! Lo encontrarás divertido y, sobre todo, te llevará al amor por tu propia vida. Te sugiero mantener la práctica de 30 a 40 días, después de este periodo continúa con el siguiente chakra.

En estas prácticas encontrarás dos palabras que están en sánscrito: el *mudra* y el mantra. *Mudra* es la posición de poder con las manos, mientras que el Mantra es el sonido de poder asociado a un elemento concreto.

Cabe mencionar que existe un sonido para cada elemento:

- Elemento tierra: *Lam.*
- Elemento agua: *Vam.*
- Elemento fuego: *Ram.*
- Elemento aire: *Yam.*
- Elemento éter: *Ham.*
- Elemento del universo: *Om.*

De esta manera utilizas el sonido del mismo elemento del chakra. Sin embargo, también puedes combinarlos, según la actitud que requieras trabajar para potenciar la energía de un chakra.

El Mudra o lenguaje de las manos, que sugiero en cada chakra, es sólo uno de los muchos lenguajes corporales que utiliza todo ser viviente para potenciar su energía, en cualquier cultura alrededor del planeta.

Finalmente, se trata de que tengas prácticas sencillas, pero continuas; con principios básicos para poner en práctica tu disciplina sagrada: el arte de cuidar y cultivar tu vida. Recuerda, no se trata de ser monje, sino de mantener tu salud, bienestar, productividad y dicha en un estado continuo de armonía. Principios básicos:

1º. **Honestidad:** te sugiero que escribas, en un diario, aquello que sabes que es importante transformar. Concéntrate en un chakra. Cada día lleva un registro de los cambios en tu cuerpo, en tus emociones, en tus pensamientos y en tu energía. Comprueba que la magia de la transformación es posible y real.

> Ningún legado es tan rico como la honestidad.
> WILLIAM SHAKESPEARE

2º. **Sé creativo:** al final de los capítulos encontrarás cuadros sinópticos, sugerencias y una serie de acciones con la información más relevante de cada chakra, de tal manera que puedas seguir o diseñar, por ti mismo, un programa cotidiano con las meditaciones, la música, los ejercicios, la alimentación, las plantas medicinales, la aromaterapia y las oraciones de poder que te apoyen a despertar la energía de tus chakras.

> La creatividad es simplemente conectar las cosas.
>
> STEVE JOBS

3º. Constancia: uno de los atributos más importantes para que puedas comprobar, por ti mismo, los resultados de cualquier práctica.

> Una sucesión de pequeñas voluntades consigue un gran resultado.
>
> CHARLES BAUDELAIRE

4º. Voluntad: tu palanca para estar en acción, no importa cuáles sean las razones, motivos o justificaciones que se interpongan; es la fuerza que te hace ir más allá de los límites de lo que crees que es posible para llevar a cabo lo que más anhelas.

> La fuerza no viene de la capacidad corporal, sino de una voluntad férrea.
>
> MAHATMA GANDHI

CAPÍTULO III

CHAKRA DEL ARRAIGO, EL PODER DE LA CONFIANZA

Imagina un círculo rojo situado en la base de tu columna vertebral, en la región intermedia entre los genitales y el ano. En sánscrito se llama *Muladhara,* de *mula,* "raíz", y *adhara,* "soporte". Suele llamársele el ancla del espíritu, ya que es el asiento de la energía kundalini, que, como ya vimos, asciende como serpiente hasta llegar al último chakra. De esta zona surge la sustancia energética que recorre la columna vertebral, para fortalecer y dar energía a todo el organismo.

Este chakra te otorga fuerza, firmeza, solidez, arraigo, seguridad, sostén en la vida cotidiana y capacidad para avanzar con fuerza y confianza.

El elemento de este chakra es la tierra. La naturaleza es la representación más cercana y tangible de la divinidad que tenemos a nuestra disposición. Por eso, a lo largo de la historia se le ha llamado la Madre Tierra; ella es la expresión pura de la creación, porque en su regazo tiene todos los elementos y sustancias químicas, así como los compuestos biológicos, que necesitas para vivir. No eres un extraño para la Tierra: por el contrario, eres recibido, acogido y reconocido como su hijo, fruto de su máxima expresión. En sus minerales, sustancias diversas y componentes que permiten la vida, la tierra tiene propiedades que la vuelven la reserva nutricional más importante del planeta. En su estructura, la circulación de aire y agua le confiere cualidades sanadoras que la convierten en madre milagrosa: la capacidad de recuperarse a sí misma y el poder de regenerar cada una de sus células. Aunque pase por un cataclismo o un terremoto devastador, ella puede regenerarse por completo. De tal manera, la tierra se crea y se recrea constantemente. Cuando te acercas a la gran madre y la honras como sagrada, ella te recibe y te nutre. Así que hazlo.

Mira cómo los árboles mueven ligeramente sus ramas cuando te acercas y las flores se inclinan a tu paso, porque ellos también reconocen en ti al ser sagrado que eres y te reciben con la misma alegría con la que una madre sostiene a su hijo. Siente cómo las pequeñas partículas de la tierra se adhieren a ti en suaves pulsaciones. El cansancio y la tensión van casi siempre de la mano, porque cuando éstas se acumulan, en alguna parte de tu cuerpo se abre un hoyo de energía; es como una fuga de agua que puede provocar una sequía, aunque no nos demos cuenta de dónde surgió. De igual manera, cuando acumulas tensión en tu cuerpo la pérdida de energía seca la vitalidad de tu vida cotidiana. Al principio puede pasar inadvertida, como si te acostumbraras a encorvar la espalda, a caminar más despacio, a olvidarte de las cosas más simples. Con el paso del tiempo, sin embargo, la acumulación del cansancio y la tensión convierten la fatiga en hoyos negros por donde desaparece la vitalidad y, entonces, corres un riesgo terrible: el riesgo de perder la alegría de vivir.

Pero la tierra recicla la energía en ti mismo para que puedas renovar tus ciclos. Ella susurra cada vez que te dejas acunar en sus entrañas, te mece en suaves pulsaciones, absorbe la energía que no necesitas y la lleva a las profundidades en donde la oxigena, la mezcla como si fuera un laboratorio alquímico y genera una nueva fórmula que lleva a la superficie para crear el agua dulce de los ríos, el agua salada del mar, la tierra roja de los seres que habitan en las montañas de verde esmeralda, árboles ancianos y helechos majestuosos que dan cobijo al rosa; al naranja, al rojo; a los amarillos pétalos de las flores que se mecen con el sonido del viento. Por eso, todas las culturas honran y aman a la Madre Tierra.

Su relación con el cuerpo físico

Los órganos y sistemas que dependen de este centro de energía para el buen funcionamiento de la salud son, por consiguiente, los que tienen que ver con el soporte del cuerpo y con su capacidad de avanzar y dejar atrás lo pasado: la columna vertebral y estructuras densas como huesos, músculos, tejidos, dientes, uñas, rodillas, colon, recto, piernas y pies, así como los tendones y ligamentos, los órganos que conforman el sistema sanguíneo y el sistema nervioso. El Chakra del Arraigo irradia su energía a través del coxis, el sacro, de la quinta a la primera vértebra lumbar.

Las glándulas que funcionan como puente de comunicación entre el cuerpo físico y el Chakra del Arraigo son las suprarrenales. Se trata de dos glándulas de entre 2.5 y 5 centímetros de largo localizadas encima de los riñones. Están constituidas por dos partes con un funcionamiento tan distinto que parece como si fueran en realidad dos glándulas diferentes, una dentro de la otra: la parte externa es amarilla y recibe instrucciones directamente de la hipófisis o pituitaria, que está albergada en el cerebro; la interna, en cambio, es de color café rojizo y recibe órdenes del sistema nervioso. Las hormonas que segregan las glándulas suprarrenales se encargan de regular los niveles de sodio y potasio en el cuerpo y elevan el nivel de glucosa en la sangre, así como de las hormonas sexuales andrógena y estrógena. Asimismo, la médula suprarrenal segrega dos tipos de hormonas: adrenalina y noradrenalina, responsables de la energía vital que se requiere para salir de una situación de pánico o peligro. En su conjunto, fortalecen el sistema inmunológico y dan a los músculos, los huesos y el torrente sanguíneo la energía que requieren. Como la parte interna de la glándula recibe órdenes del sistema nervioso, también regula la respuesta al estrés.

Es importante resaltar que las únicas glándulas que reciben órdenes directamente de la glándula pituitaria (la glándula maestra) son las suprarrenales, estableciendo entre ellas un puente de comunicación directa que no sólo te arraiga a la vida, sino que mantiene en equilibrio al chakra coronario con el del arraigo, uniendo la espiritualidad con tu vida cotidiana concreta; de tal manera, no existe división entre ellas, sino que ambas son partes complementarias de la esencia de estar vivo y la razón de existir. Así, no tienes que ser monje, ni aislarte del mundanal ruido para alcanzar la iluminación.

El órgano que utiliza el Chakra del Arraigo para conectarse con la realidad es la nariz; por ende, el sentido de percepción que le permite relacionarse instintivamente con el mundo y llevar la información al alma es el olfato. Cuando naciste, reconociste a tu madre a través del despertar del primer sentido, de la misma manera que los cachorros, todavía ciegos, van directo a la teta de su madre guiados por el olor de la leche. Después, al crecer, reconoces tu casa, tus cosas personales o la tierra de donde vienes cuando el aleteo de la nariz te indica que has llegado al hogar. Dicen que los franceses huelen a mantequilla y los mexicanos a tortilla: cada quien huele, por decirlo así, a su terruño. De esta manera, el olfato te da la fuerza del arraigo, la rapidez de percepción y el centro de pertenencia.

El órgano a través del cual el Chakra del Arraigo manifiesta la acción de su poder es el ano. Su poder de acción se basa en la capacidad de eliminar todo aquello que el cuerpo no necesita y dejar espacio libre para que se vuelva a nutrir. Su poder otorga la capacidad de soltar el pasado, practicar el desapego y vivir el presente.

La puerta de entrada para que el chakra reciba información es la piel, que a la vez permite al mismo chakra irradiar su propia energía. Su función es análoga a la de la corteza de los árboles y a la del planeta mismo. Ciertamente, tienen las mismas necesidades y precisan de los mismos cuidados: respirar, estar hidratadas, ser nutridas, respetadas y reconocidas en sus límites.

Sus símbolos

Color

El color que corresponde al Chakra del Arraigo es el rojo tierra, que comparte con las glándulas suprarrenales que lo rigen y con la tierra misma, de donde toma la vitalidad que fortalece y equilibra su funcionamiento. El rojo carmesí es un tono que denota energía, fuerza, exactitud, límites, guerra y también anuncia el peligro.

Figura

Es el cuadrado. Como la base estructural que hay en la mayor parte de las construcciones modernas y antiguas, esta figura geométrica representa arraigo, seguridad, practicidad, firmeza y estabilidad.

La flor de loto con la que se lo representa tiene cuatro pétalos, pues el cuatro es el número que simboliza los cuatro elementos principales, los cuatro rumbos del universo, la bienaventuranza y tu bienvenida al mundo.

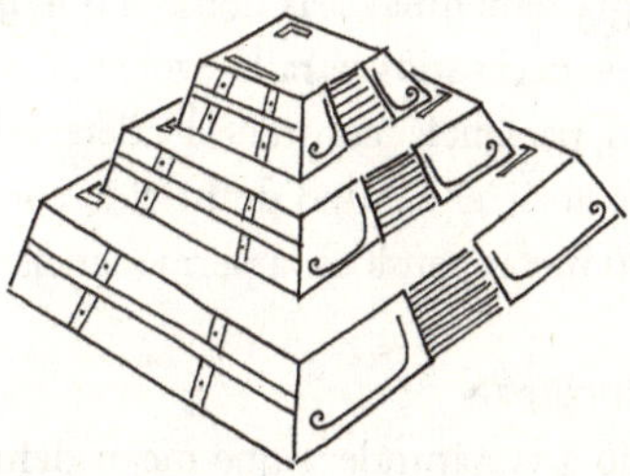

Animal de poder: tortuga

Un animal que representa los poderes del Chakra del Arraigo es la tortuga: este antiguo guardián planetario es portador de la energía relacionada con la longevidad, la abundancia, la prosperidad, la paciencia y la gratitud, cualidades inherentes a la esencia de la Madre Tierra.

Cuentan los ancestros mayas que provenimos de Orión. Pero antiguamente esta constelación era conocida como la Constelación de la Tortuga, de ahí que la mayor parte de las culturas ancestrales

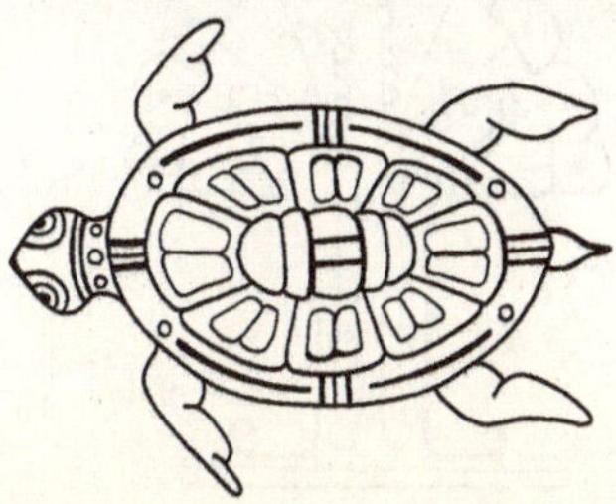

coincidan en el simbolismo mágico y poderoso contenido en este guardián planetario. Es la personificación de la Madre Eterna, la Madre Tierra y la energía femenina, en toda su expresión, gracias a la cual evoluciona la vida de todos los seres vivientes. A través del tiempo, se han honrado sus atributos de origen, constancia, longevidad, fortaleza, paciencia, protección y paz. Si pudieras ver la corteza terrestre a distancia, sin construcciones ni cemento, te darías cuenta de que tiene la misma forma que su caparazón. Por su capacidad de vivir en el agua y la tierra, ella te enseña a fluir con los distintos aspectos de la vida; desde su caparazón, te invita a ir hacia adentro, para hacer contacto con la parte más íntima y sensible de ti mismo, con tu propia energía femenina, seas hombre o mujer. La tortuga te otorga los elementos necesarios para la evolución y transformación: generosidad, lealtad, paciencia, constancia y determinación, para que seas responsable de abrir el camino de tu vida con lo que verdaderamente quieres. Su recompensa es la permanencia.

Símbolo de la naturaleza

El símbolo asociado a la naturaleza que mejor define al Chakra del Arraigo es el árbol. Cada árbol sembrado te otorga seguridad, sostén en la vida cotidiana y sentido de pertenencia. Los ancestros de distintas culturas han visto en los árboles la estructura simbólica correspondiente al desarrollo espiritual de los seres humanos en este planeta. Primero que nada, en las raíces están los fundamentos de la cultura, el sostenimiento familiar y la memoria ancestral que da soporte tanto a tus relaciones como al desarrollo con tu comunidad.

Justamente de sus raíces toma el árbol los nutrientes de la tierra. El tronco, por su parte, simboliza la capacidad de pararse con firmeza e integridad, como tu propio torso. Y de la parte superior salen las ramas, como la estructura creativa de la mente.

¿Te has preguntado qué clase de árbol eres? ¿Eres un árbol ornamental, un árbol frutal o un árbol medicinal? ¿Qué tan grande es tu tronco y cuánto abarcan las ramas de tu follaje para dar cobijo, protección y consejo a quienes te rodean? Es importante que pienses en ello, porque ese árbol que habita en ti es la fuerza de tu propia inspiración.

Ahora mira cómo no estás solo, no eres el único árbol de la creación: seres milenarios, de todas las especies, están contigo. Todos tienen en común el arraigo a la misma tierra, porque entre la tierra y tú existe una unión de complicidad por la que uno alienta la existencia del otro.

Sus nutrientes

Los nutrientes que el Chakra del Arraigo necesita para su salud están en todos los alimentos que surgen de la tierra. La tierra misma, combinada con un poco de agua, te da distintos tipos de barro o arcilla, según sus propiedades. La arcilla blanca, rica en aluminio y silicio, es cicatrizante y antibacterial; la arcilla roja, rica en óxido de hierro, baja la fiebre y desinflama; la arcilla verde, con sus cualidades de magnesio, para golpes y dolores articulares. A su vez, la corteza de los árboles también aporta propiedades medicinales, como el sauce, que dio a la farmacéutica moderna la aspirina; o la savia del árbol *Manilkara zapota*, llamada *tizctli*, palabra náhuatl que significa chicle, utilizada en México prehispánico como goma de mascar para limpiar los dientes e industrializada en el siglo XX por las empresas transnacionales para que puedas mover la mandíbula continuamente con sabores químicos. Asimismo, los tubérculos como el ajo, las papas, el betabel, el camote, los rábanos, el ñame, las zanahorias y la yuca, con su gran variedad de minerales y vitaminas, están ahí para darte fuerza, vitalidad y energía, sin dejar de lado a sus amigas las hortalizas y plantas de hojas verdes. Por último, no podemos pasar por alto los granos y cereales, cuyo contenido, no sólo nutricional, sino simbólico, te conectan con las raíces culturales a las que perteneces. Recuerda la historia de Quetzalcóatl: el dios bajó al inframundo para crear el alimento que diera sustento a la nueva raza, el maíz, cuyo ADN es mexicano. No voy a hablar aquí de todas las virtudes nutricionales y anticancerígenas del maíz orgánico, pero vale la pena tener siempre presente que si naciste en Latinoamérica, especialmente en México, o si tus ancestros vienen de esta región, eres descendiente de la raza del maíz y toda raza pide ser honrada.

Sus cualidades

Como primer centro de energía, este chakra ancla al espíritu con la Madre Tierra. Es el centro donde se siembra el poder de la creación para dar arraigo, sobrevivencia e instinto de conservación. Otorga capacidad de trabajo, constancia y perseverancia. Te da la fuerza para abrir nuevos procesos y para saber cerrar los ciclos de la vida. Asimismo, te otorga claridad en la intención, capacidad de decidir, seguridad en ti mismo y lealtad hacia tus propios proyectos, con la confianza necesaria de trabajar a buen paso sin abandonar el trayecto, caminando de la mano de tu maestra la tortuga. Por otra parte, al estar ligado con la Madre Tierra, mantiene el sentido del honor: a tus raíces culturales, a tus ancestros, a tu trayectoria, a tu cuerpo, a tu salud y a la tierra misma.

Asimismo, te da la capacidad de equilibrar y administrar los asuntos de tu vida privada y cotidiana, tanto interna como externamente. Otorga orden, limpieza y estructura que puedes ver desde qué tan limpia y ordenada mantienes tu casa y lugar de trabajo, hasta el nivel de caos en el que vives sin saber en dónde están las cosas más elementales; desde tus niveles de salud hasta la frecuencia con la que te enfermas; desde qué tan friolento eres hasta cómo regulas la temperatura corporal; desde el tiempo que iviertes en tu trabajo hasta el que tomas para descansar; desde cuánto ganas hasta cómo lo gastas; desde cuál es el sentido interno de abundancia hasta el sentido de carencia o escasez que sostiene tu vida.

Este chakra, cuya energía fundamental es la Tierra, está vinculado al tiempo porque sabe vivir en el presente. Es decir, aprende de la experiencia, se arraiga, ordena, observa lo que quiere, planifica y trae el futuro a su presente; se sostiene bien plantado en el aquí y el ahora y se dispone a avanzar. Pero no vive con ocho mil pensamientos estresado por los compromisos de mañana o la próxima semana, mientras el momento presente se le escapa de las manos. Tampoco está de prisa, aunque no tengan nada que hacer, en la escasez de las horas sin un minuto que le alcance. He conocido personas que siempre están de prisa, caminan nerviosos, picotean sus actividades, pasan por encima de todas sin profundizar en ninguna por falta de tiempo, sin mirarte ni escucharte porque la ocupación de estar ocupados no los deja ni respirar. ¿Y qué tal aquellos que disfrutan hacer esperar a los demás por pura importancia personal?

Cabe mencionar que uno de los atributos más importantes del Chakra del Arraigo es la capacidad que otorga para llevar la vida con integridad y congruencia. Su equilibrio te permite ser leal a ti mismo, honrar todas tus relaciones y ser congruente con lo que piensas, sientes, comunicas y actúas.

Consecuencias de su desequilibrio

Dadas las cualidades que acabas de leer, es claro que cuando está fuera de balance manifiestas precisamente la negación de sus virtudes: al perder la seguridad en ti mismo, en tus acciones y en tus decisiones, padeces de angustia existencial, celos y dependencia, que pueden desencadenar conductas autodestructivas, a comportarte con agresividad y llevarte a una depresión. La falta de seguridad te produce temor de avanzar en la vida, incapacidad para defenderte, miedo a la muerte y a la vida misma, abarca incluso el miedo al castigo divino.

El Chakra del Arraigo en desequilibrio se manifiesta también en no tener la capacidad para dejar atrás el pasado: un apego excesivo e inútil a lo que ya fue o a lo que dejó de funcionar y el aferramiento a lo que ya no se puede recuperar, con pensamientos obsesivos de arrepentimiento y culpa. Quien no es capaz de afrontar la realidad como es, ni vivir en el presente, se pierde viviendo en el pasado o, peor, en un futuro imposible de controlar.

Otro aspecto fundamental de este chakra en desequilibrio es la nula capacidad de trabajar en equipo y sentirte parte de una comunidad. La necesidad, por demás ególatra, de ser "el Llanero Solitario o la Mujer Maravilla" te impulsa a creer que tú solo puedes hacerlo todo, sin necesitar el apoyo de nadie. Sin embargo, en el fondo te sentirás víctima de las circunstancias, con una queja continua porque no hay alguien que te ayude. Este tipo de personas, en verdad, creen que no pertenecen a una red o a una comunidad y se la pasan buscando su lugar en el mundo, que a veces encuentran o a veces no.

Y bueno, la sociedad en la que vivimos, basada en producir resultados, pasa por alto la necesidad imperiosa de hacer pausas. Cada vez que abres un nuevo ciclo de vida requieres detenerte un momento, hacer una pausa antes de pasar al siguiente ciclo, y esto va desde el descanso cotidiano hasta la capacidad de tomar tiempo libre por lo menos dos veces al año. Ser desenfrenadamente activo se manifiesta no sólo en conductas egoístas y de excesivo individualismo (hasta llegar incluso a actos de traición), sino también en una gran necesidad de control sobre lo que hacen los demás, dando órdenes a izquierda y derecha, incluso cuando no les toca hacerlo. Evidentemente, el desequilibrio de este centro de energía abarca el autoritarismo. Quien no toma en cuenta al otro es incapaz de escucharlo, de ser generoso y compasivo. Pero lo más interesante es que esta pérdida de generosidad inicia consigo mismo, sin darse cuenta.

La falta de orden y claridad para administrar tu vida cotidiana tiene un costo: que dejes las cosas a medias, que no cierres ciclos, ni cumplas con tus objetivos y proyectos, aunque sean los más elementales. Entre otras cosas, esto puede agravar tus problemas económicos: aunque es cierto que las carencias dependen de muchos factores externos que están fuera de tu control, también es claro que si no administras tu vida, el dinero nunca te va a alcanzar y tus deudas van a aumentar innecesariamente hasta perder el control de tus actividades.

Antes de terminar con esta sección, es importante resaltar que el exceso de confianza, consciente o inconsciente, producto de sabernos nutridos por la Gran Madre, ha causado que el uso se convierta en abuso, pues la tierra no puede trasmutar ni reciclar la enorme cantidad de basura inorgánica que tiramos, desde máquinas y aparatos eléctricos de todo tipo hasta bolsas de plástico y pañales desechables. Cuando la tierra fértil empieza a dejar sitio a cementerios oxidados, verdaderos mausoleos hechos de latas y fierros viejos, se tapan las capas vitales de la superficie y la tierra deja de respirar. Porque, como ya leíste más arriba, la Tierra también respira, como respiran los poros de tu piel. Así como contaminamos y deshonramos a la Madre Tierra, también hacemos lo mismo con el cuerpo: lo atiborramos de basura alimentándolo con comida chatarra, y en lugar de agua lo llenamos con el peor combustible, como el alcohol y los refrescos industriales. Todo esto es basura que el cuerpo es incapaz de asimilar. Por si fuera poco, también dejas de hacer ejercicio, con lo que atrofias las bisagras que lo hacen funcionar. Y a eso tienes que agregar los últimos ingredientes: tus pensamientos de temor, preocupación, estrés, inseguridad y aislamiento.

La falta de balance en el chakra del Arraigo también se manifiesta en síntomas físicos y enfermedades diversas. Algunos de ellos son:

Enfermedades y padecimientos físicos del Chakra del Arraigo

- Cansancio extremo
- Sobrepeso o peso demasiado bajo
- Anorexia o bulimia
- Consumo compulsivo de alimentos
- Estreñimiento crónico
- Diarreas continuas
- Infecciones intestinales, colitis, flatulencias, adherencias intestinales, salmonelosis, tifoidea
- Problemas con la espina dorsal
- Ciática
- Descalcificación, osteoporosis
- Artritis, osteoartritis

- Arteriosclerosis
- Caries, problemas periodontales
- Dolores de cabeza y migrañas
- Problemas circulatorios, várices
- Amnesia
- Sinusitis
- Enfermedades autoinmunes y sistémicas
- Problemas con drogas y alcohol
- Adicción al juego con apuestas
- Pérdida del olfato

Desequilibrios energéticos y emocionales del Chakra del Arraigo

- Pérdida de orientación
- Necesidad de control
- Soñar proyectos sin ponerlos en acción
- Vivir en el pasado
- Incapacidad para vivir el presente
- Miedo a la muerte / miedo a la vida
- Manejo inadecuado de las finanzas: tener deudas, ser codo, no querer gastar porque tienes miedo de que se te va a terminar, lo gastas todo y no sabes en qué se te va el dinero, no ahorras
- Tendencia a tener accidentes
- Falta de coordinación
- Falta de ubicación

> Evidentemente, el balance del Chakra del Arraigo te otorga salud y regeneración celular, de tal manera que seas y te veas mucho más joven, logrando tener larga vida en buen estado. Asimismo, te otorga sentido de pertenencia, arraigo, colaboración y trabajo en equipo; fuerza, determinación y un equilibrio muy divertido entre el orden y la aventura; gusto por los viajes y amor al planeta que te recibió para que pudieras aprender y evolucionar.

El cuidado de tu Chakra del Arraigo es fundamental, ya que de él depende el buen funcionamiento de los demás chakras, como las raíces de un árbol, cuyo fortalecimiento es la base del resto de su estructura.

Equilibrio para el Chakra del Arraigo, el poder de la confianza

¿Cómo sabes si tu Chakra del Arraigo está fuera de balance? Responde el siguiente cuestionario:

1. ¿Sufres agotamiento extremo?
2. ¿Tienes osteoporosis?
3. ¿Sufres de sinusitis o se te tapa la nariz continuamente?
4. ¿Tienes problemas con el sistema digestivo, te inflamas con facilidad?
5. ¿Sufres de diarreas o estreñimiento crónico?
6. ¿Tienes problemas con los dientes o sufres de caries continuas?
7. ¿Eres de esas personas que se accidentan, se tropiezan o se caen con facilidad?
8. ¿Eres indeciso?
9. ¿Tienes problemas económicos, sientes que el dinero no te alcanza, te da miedo gastar o no tienes idea en qué se te va el dinero?
10. ¿Tienes miedo a tomar riesgos porque crees que te vas a quedar pobre o que no te alcanza el dinero?
11. ¿Eres impuntual, no tienes conciencia del tiempo o te gusta hacer esperar a los demás?
12. ¿Vives con prisa?
13. ¿Qué creencias familiares repites, considerando que "es normal"?
14. ¿Tienes problemas para relacionarte con los demás?

15. ¿Conservas ciertas prácticas familiares basadas en creencias o la superstición?

Tu evaluación: si tienes 25 % de las respuestas afirmativas, es importante que empieces a trabajar con tu chakra de la tierra. Por ser el primero, si este centro de energía se encuentra fuera de balance, seguramente el resto también lo estará.

Ahora, vamos a la práctica cotidiana.

Tu práctica de meditación

El sonido para fortalecer el primer chakra es *Lam*. Pero vamos a suponer que eres tan rígido que te falta ser creativo; en este caso, también puedes vocalizar *Van*, para soltar la rigidez a través de la energía del agua.

Indicaciones generales

Siéntate cómodamente sobre tu cojín de meditación o en una silla, con la espalda erguida. Coloca las manos sobre las rodillas. Esta posición favorece la concentración y te prepara en caso de que quieras realizar cualquier otro mudra o posición de poder. Haz una respiración profunda y concéntrate en tu respiración. Puedes iniciar tu práctica con los ojos abiertos, estando consciente de los ruidos y de la atmósfera del lugar donde te encuentras. No mires hacia todos lados y tampoco mantengas la mirada en un punto fijo. Simplemente permite que tu mirada descanse en un lugar, cualquiera que éste sea. Cuando lo sientas, cierra los ojos con suavidad, mientras continúas respirando. Deja pasar todos los pensamientos, no te aferres a ninguno. Llénate de paz mental.

Posición o lenguaje simbólico de manos para el Chakra del Arraigo

Con las manos sobre las rodillas y las palmas hacia arriba, junta la yema del dedo pulgar con la yema del dedo anular, de cada una de tus manos. El resto de los dedos permanecen extendidos.

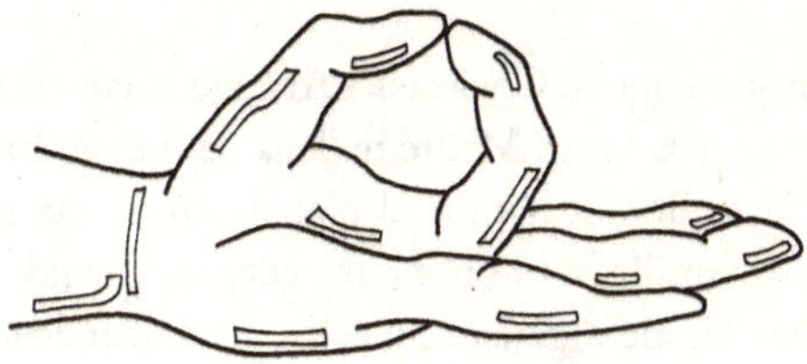

Mudra Prithivi: éste es el mudra de la Madre Tierra.

Propiedades

Plano físico: otorga fuerza, energía, eleva el sistema inmunológico.

Plano emocional: con esta posición despiertas la confianza en ti mismo, en tus logros y en los demás. Te ayuda a sentirte seguro y sólido en la vida; ideal para quienes son tímidos.

Plano mental: concentración mental, enfoque, decisión. También te ayuda a expandir tu sentido de abundancia y prosperidad. Si tienes problemas económicos, éste es un gran aliado.

Plano espiritual: confianza, sentido de prosperidad, paz.

Haz una respiración profunda. Recuerda seguir concentrado en tu respiración. De preferencia, cierra los ojos mientras continúas respirando suavemente. Deja pasar todos los pensamientos, no te aferres a ninguno. Y ahora, concentra tu atención en la base de tu columna vertebral, el asiento de tu primer chakra, mientras visualizas un círculo rojo carmesí que empieza a girar con suavidad.

Mantra o sonido e poder: *Lam*

Si lo deseas, puedes incluir el siguiente mantra o sonido del elemento Tierra para fortalecer el Chakra del Arraigo: *Lam*.

Este sonido activa la energía del chakra y se conecta directamente con el Chakra Coronario.

Vocaliza el siguiente sonido de poder o mantra para activar la energía del chakra. Imagina el color rojo carmesí en el coxis, coloca la lengua en el paladar, canta o vocaliza el sonido creando una vibración que vaya desde la base de tu columna vertebral hasta la cabeza... *Lam.*

Ahora imagina que tu Chakra del Arraigo se conecta con la energía de la Tierra, y la Gran Madre te llena de fuerza. La unión entre la Tierra y tú te lleva a honrar al planeta en el que naciste, a tus ancestros, a tu familia, a tu propia trayectoria. Cuando lo haces, no sólo alimentas las siete generaciones de tu descendencia, sino que también sanas las siete generaciones de tu linaje ancestral. Siéntete digno, orgulloso de tus decisiones, de tus pasos y también de tus momentos de espera, de saber quién eres, de dónde vienes y a dónde vas.

El fortalecimiento del Chakra del Arraigo te dará sentido de pertenencia, abundancia, prosperidad y vitalidad.

Trátate bien. Honra tu cuerpo, esta máquina perfecta diseñada para que habite el alma. Honra a la Tierra, el lugar sagrado que te recibe en cada encarnación. Al honrarla le devuelves el amor con que ella te ha tratado.

Tu nutrición

La salud del Chakra del Arraigo se mantiene con alimentos que surgen de su mismo elemento: vegetales, hortalizas, raíces y tubérculos en general. También requiere buena calidad de proteínas, granos y cereales. Entre las frutas y las semillas ideales para nutrirlo se incluyen aguacate, ciruela, ciruela pasa, coco, chicozapote, durazno, melocotón, granada roja y china, guanábana, guayaba, higo, mamey, papaya, piña, tejocote, toronja, tuna, sandía, zapote, avellana, cacahuate y castaña.

Tus cuidados en ayunas

1º. En ayunas: bebe una taza de agua tibia con el jugo de un limón para alcalinizar tu organismo. Si tienes problemas intestinales, puedes agregar 1 cucharada sopera de aceite de oliva, aceite de semilla de uva o aceite de coco.

2º. Prepara un té compuesto por la siguiente combinación de plantas medicinales, elige por lo menos tres de ellas: anís, azafrán, cardamomo, cuachalalate, cúrcuma, estafiate, epazote, hinojo, manzanilla, menta, olivo, sangre de drago, té limón, tomillo y yerbabuena.

3º. Toma un licuado hecho a base de espinaca, apio, betabel y una fruta: plátano o manzana y el jugo de un limón.

Tus plantas medicinales

Las plantas de la herbolaria tradicional que aportan sus beneficios en la curación de enfermedades causadas por desequilibrio o bloqueo en este chakra son: anís, azafrán, cardamomo, cuachalalate, cúrcuma, estafiate, epazote, hinojo, manzanilla, menta, olivo, sangre de drago, té limón, tomillo y yerbabuena.

Tus ejercicios

Para fortalecer el Chakra del Arraigo es recomendable hacer ejercicio en el que intervenga la fuerza de tus piernas, como caminar, correr, bailar o practicar deportes en equipo de mucho movimiento, como el futbol, basquetbol, squasch o tenis. Los ejercicios sagrados como yoga, tai chi y chi kun, y las artes marciales en general, son muy recomendables también.

Tus cuarzos

Siente cuál es el cuarzo que te llama para que trabajes con él. El cristal te ayudará a fortalecer la energía de tu primer chakra, medita con ella y pídele que sus frecuencias vibratorias sanen y equilibren cualquier asunto que esté fuera de balance. Sugerencias: obsidiana, ágata, ámbar, cuarzo ahumado, coral, el brillante o diamante, ojo de tigre, piedra de sangre, rubí y turmalina.

Tu aromaterapia

El equilibrio del chakra de Tierra se ve favorecido por esencias de albahaca, clavo, cedro, citronela, salvia, sándalo, raíz angélica y tomillo.

Tu música

El tono musical correspondiente al Chakra del Arraigo es *Do*. La música que estimula su acción es aquella cuyo ritmo está sostenido por tambores y otros instrumentos de percusión, como pandero, claves, cascabeles, crótalos o castañuelas, quijada de burro o de caballo y huesos percutidos. También favorecen su energía algunos instrumentos de cuerda como arpa, violín, guitarra o charango, así como distintas clases de flauta. Esta rueda de energía se ve estimulada por música que despierte la adrenalina y la fuerza para la acción, y que a la vez haga contacto con las raíces culturales a las que se pertenece. El canto expresa la energía de la tierra, las raíces, la fuerza y el sentido de pertenencia. Por ello, la música autóctona estimula esta relación íntima con la Madre Tierra. Además, esta música suele estar asociada con danzas, en las que lo importante es el movimiento de las piernas y los pies: desde el son jarocho y huasteco, la rumba y las danzas afrocaribeñas, concheras, siux y lacotas, hasta los bailes sufí, el flamenco y el zapateado, pasando por los bailes celtas y hasta el rocanrol.

Te sugiero que tu día esté sostenido por la música, desde la mañana. Sus frecuencias tienen un alto poder sanador a todos los niveles. Además, te va a poner feliz. Escucha música para meditación en tu práctica de la mañana. Después, permite que los acordes musicales sean el lenguaje que sintoniza y armoniza la energía de tus células, tus órganos, tus sentidos, tu estado de ánimo, tu equilibrio mental.

Para quienes aprecian la música clásica, aquí van algunas recomendaciones:

- Leonard Bernstein, *West Side Story (Amor sin barreras)*.
- Gustavo E. Campa, *Melodía para violín y orquesta, Op. 1*.
- Carlos Chávez, *Sinfonía India*.
- Maurice Ravel, *Bolero*.
- Silvestre Revueltas, *Sensemayá*.
- Igor Stravinsky, *Petrushka, La consagración de la primavera*.
- Antonio Vivaldi, *Las cuatro estaciones*.

Tus acciones

1°. Camina descalzo, abraza un árbol, haz conexión con la naturaleza, mete los pies a un río o al mar; o bien, toma baños de pies alternando agua caliente y fría.

2°. Utiliza una tela roja en la parte baja de la espalda.

3°. Toma un momento de tu día para honrar a tus ancestros, a tu familia, a tus raíces culturales.

4°. Dibuja o pinta uno de los siguientes símbolos, aunque si lo deseas puedes pintarlos todos: una pirámide, un árbol, una tortuga, el símbolo hindú del Chakra Muhladara.

Tu actitud básica para fomentar el estado de conciencia

Sostén un estado en el cual tu atención esté presente, momento a momento.

Saluda a tu prójimo; conversa con las personas que te atienden, aunque sólo sea por unos minutos, ellas se sentirán tomadas en cuenta y respetadas.

Sonríe.

Agradece.

Tus frases de poder

Vivo en el presente, cada momento es nuevo.

Libero el pasado con libertad; fluyo en el presente con amor.

Estoy satisfecho con mi vida; honro mi trayectoria.

Acepto a mi familia, como es y como no es. Honro a mis ancestros.

Soy uno con la abundancia y la prosperidad de la vida.

Resumen del chakra del arraigo	
Localización:	Base de la columna vertebral, área intermedia entre los genitales y el ano
Órganos y funciones que gobierna:	Columna vertebral, tendones, ligamentos, huesos, músculos, tejidos, dientes, uñas, colon, recto, piernas, pies, reproducción celular, sistema nervioso, sistema parasimpático, sistema circulatorio. Vértebras: coxis, sacro, de la quinta a la primera vértebra lumbar. Glándula que rige: suprarrenales
Órgano para adquirir conocimiento:	Nariz
Sentido de percepción ordinario:	Olor
Sentido de percepción sutil:	Olfato
Órgano de trabajo:	Ano
Poder para la acción:	Eliminar
Puerta de entrada:	Piel
Elemento de la naturaleza:	Tierra
Color:	Rojo carmesí
Símbolo de la naturaleza:	Árbol
Figura:	Cuadrado
Número de pétalos:	Cuatro
Animal de poder:	Tortuga

Aspecto de la conciencia:	Seguridad
Cuarzos y piedras de poder:	Obsidiana, ágata, ámbar, cuarzo ahumado, coral, brillante o diamante, ojo de tigre, piedra de sangre, rubí y turmalina
Esencias:	Albahaca, clavo, cedro, citronela, salvia, sándalo, raíz angélica, tomillo
Alimentación:	Granos, semillas, raíces, legumbres, hortalizas, tubérculos: como ajo, papas, betabel, camote, rábano, ñame, zanahoria, yuca
Frutas:	Aguacate, ciruela, ciruela pasa, coco, chicozapote, durazno, melocotón, granada roja y china, guanábana, guayaba, higo, mamey, papaya, piña, tejocote, toronja, tuna, sandía, zapote, avellana, cacahuate y castaña
Plantas medicinales:	Anís, azafrán, cardamomo, cuachalalate, cúrcuma, estafiate, epazote, hinojo, manzanilla, menta, olivo, sangre de drago, te limón, tomillo y yerbabuena
Tono musical:	*Do*
Instrumentos:	Percusiones
Ejercicios:	Caminar, correr, bailar, deportes en equipo, ejercicios sagrados
Mudra para la meditación:	Prithivi
Mantra o sonido:	*Lam*

Tus acciones:	Caminar descalzo, abrazar un árbol, conexión con la naturaleza, meter los pies a un río o al mar; tomar baños de pies alternando agua caliente y fría. Utilizar un lienzo rojo en la parte baja de la espalda. Tomar un momento de tu día para honrar a tus ancestros, a tu familia, a tus raíces culturales. Dibujar o pintar: un árbol, una tortuga, el símbolo hindú del Chakra Muhladara
Tu actitud básica para fomentar el estado conciencia:	Estar presente. Saludar a tu prójimo; conversar. Sonreír. Agradecer
Tus frases de poder:	Vivo en el presente, cada momento es nuevo. Libero el pasado con libertad; fluyo en el presente con amor. Estoy satisfecho con mi vida; honro mi trayectoria. Acepto a mi familia, como es y como no es. Honro a mis ancestros
Chakra paralelo:	Chakra de la Conexión

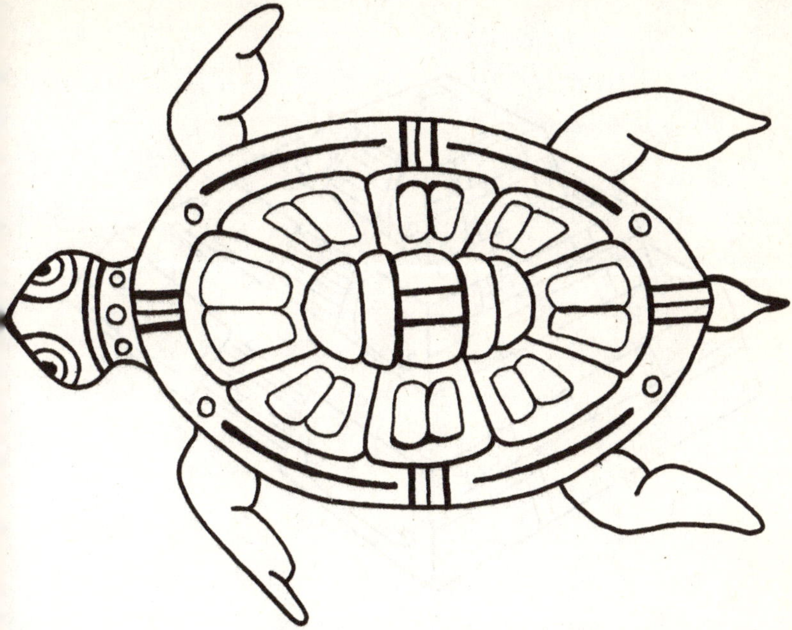

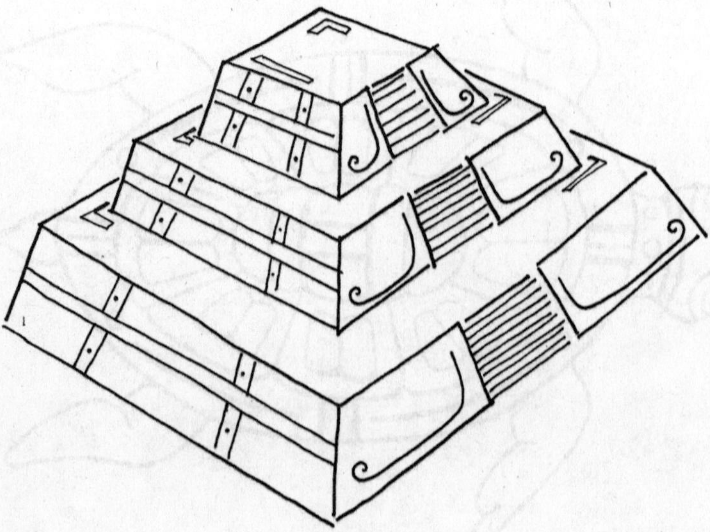

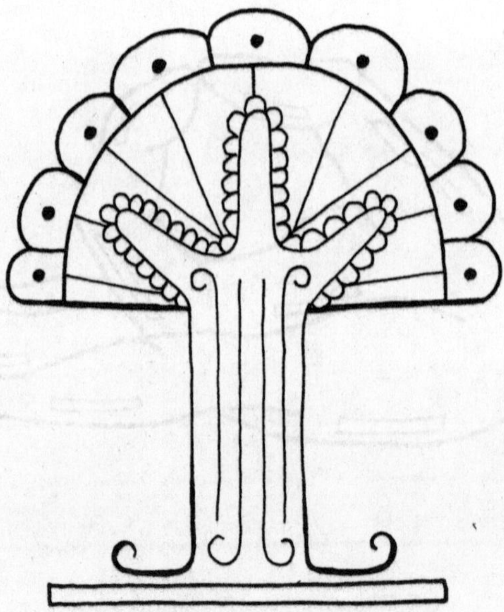

CAPÍTULO IV

CHAKRA DE LA CREATIVIDAD, EL PODER DE LA SEXUALIDAD

Imagina un círculo naranja situado entre el pubis y el ombligo: estás en el Chakra de la Creatividad. En sánscrito se llama *Svadhishthana,* que significa "morada del Ser donde residen las emociones".

Este chakra es el centro de las emociones profundas, la sexualidad, la creatividad, la sensualidad, el placer y el gozo por la vida. Su actividad regula el erotismo y llena de energía los órganos de la creación: favorece la inspiración que se acuna para ser protegida, a buen resguardo, durante el tiempo necesario para sacarla a la luz.

Su elemento es el agua. La existencia no sería posible sin este líquido milagroso, indispensable para la creación y recreación de la vida misma. El agua cubre tres cuartas partes de la superficie de nuestro planeta: océanos, mares, ríos, lagos, lagunas, cenotes, corrientes subterráneas; todo eso sin contar la que se evapora y se acumula en nubes y vuelve a nosotros, renovada, en forma de lluvia.

En su ciclo eterno, el agua limpia purifica, nutre, sana y renueva. A lo largo de la historia, todas las culturas le cantan y la honran. Por eso Chalchiuhtlicue, la diosa del agua, continúa alimentándonos con su falda de jades preciosos. A ella debemos la vida, desde el cultivo de la tierra hasta el nacimiento de los seres vivos. Los ancestros dicen que el destello luminoso del relámpago en el cielo es la voz de

Dios en la expresión de su poder. Y su voz no es un canto dulce que invita a las nubes a descargar la lluvia: es el estruendo poderoso que llama la energía del torrente acuático desde las tierras perdidas del Tlalocan.

El agua, pues, contiene el poder de la creación.

De la misma manera, 75 por ciento de tu cuerpo está compuesto por agua. Eres agua por donde te mires, desde tus partes más pequeñas hasta los fluidos que te dan vida y te ayudan a nutrirte y a renovarte. Tus células contienen agua dentro de sus membranas. El torrente sanguíneo lleva agua en el plasma por donde circulan tus glóbulos rojos, glóbulos blancos y plaquetas. El líquido cefalorraquídeo baña el cerebro y la médula espinal. La saliva es el agua de tu cavidad bucal. Los jugos gástricos de tu estómago trabajan sobre tus alimentos para que los digieras. La bilis es agua que segrega la vesícula biliar para favorecer tus procesos digestivos. La orina es agua de desecho que procesan los riñones. Las lágrimas, el agua que sale por tus ojos. El líquido amniótico del útero forma el medio en el que te gestaste cuando estabas en el vientre de tu madre. El líquido seminal, que producen los testículos y la próstata, conduce a los espermatozoides. Y la leche materna es el líquido que alimenta al recién nacido cuando es amamantado.

También tus emociones necesitan fluir como fluye el agua de tu cuerpo. Si reprimes la expresión auténtica de lo que sientes, llámese placer, llanto o deleite, estás en riesgo de ocasionar una especie de tapón energético que puede producir alguna enfermedad, como la putrefacción del agua contaminada. Si los ancestros dicen que los ojos son la ventana del alma, y el alma expresa sus más profundas emociones a través del llanto, ¿por qué a los varones se les priva la libertad de expresar lo que sienten? Seguro que te resulta familiar aquello de: "No llore, que usted es bien macho". ¿A quién se le ocurrió decir, como "verdad absoluta", que los hombres no deben llorar?

Como en la creación, como en el ciclo de la vida, si dejas fluir tus emociones como el agua podrás renovarte constantemente y mantenerte sano.

SU RELACIÓN CON EL CUERPO FÍSICO

Al estar regido por el agua, este chakra se relaciona con los órganos que regulan la salud a través de la circulación de fluidos: el sistema reproductor femenino o masculino (incluyendo, por ejemplo, el útero en las mujeres, y la próstata en los varones), los sistemas sanguíneo y linfático, además de los riñones y la vejiga, que ayudan a excretar lo que el cuerpo no necesita a través de la orina. También dependen de él los mismos líquidos corporales: las lágrimas, los jugos gástricos y la bilis, la saliva, la orina, el semen y el líquido amniótico. Las vértebras que irradian la energía del Chakra de la Creatividad son la tercera y cuarta vértebras lumbares y de la décima a la doceava dorsales.

Las gónadas, esto es, los testículos y los ovarios, son las glándulas que rigen el Chakra de la Creatividad. Su funcionamiento trabaja como puente de enlace entre la energía del chakra y el cuerpo físico.

Los testículos son las glándulas del aparato reproductor masculino que se encargan de producir espermatozoides. *Espermatozoide* viene de la palabra latina *sperma*, derivada de su análoga griega *spérma*, que significa "semilla". Además de los testículos, no hay que olvidar la importancia de la próstata en un aparato reproductor sano. Su nombre proviene del griego *prostátes*, que significa "protector"; tiene forma de castaña, y está encargada de producir el líquido seminal y proteger a los espermatozoides, las semillas que se unen al gameto femenino para formar el embrión, que después se convertirá en un feto.

La palabra *ovario* viene de la voz latina *ovarium*, y ésta a su vez de *ovum*, que significa "huevo". Con forma de almendra, la gónada femenina está encargada de producir óvulos, las células más voluminosas del cuerpo humano; son portadoras del material genético de la mujer y tienen la capacidad de ser fecundadas por un espermatozoide para producir un gameto y dar lugar al embrión y al feto.

Las gónadas se encargan de producir el grueso de las hormonas sexuales femeninas y masculinas. En las mujeres: estrógenos y progesterona; en menor proporción, las glándulas suprarrenales también las producen. En los hombres: testosterona.

Al mismo tiempo, otras glándulas influyen en el desarrollo de las glándulas sexuales: el hipotálamo, la tiroides, el timo y las suprarrenales. En consecuencia, el Chakra de la Creatividad trabaja en conjunto con el Chakra del Arraigo, el Chakra del Amor, el Chakra de la Comunicación y el Chakra de la Visión.

Como recordarás, cada chakra requiere de un órgano para adquirir conocimiento; así, el órgano de este centro de energía es la lengua. El sentido de percepción ordinario para el Chakra de la Creatividad es el gusto; simultáneamente, el emisario encargado de llevar información al alma es el sabor.

Este chakra utiliza la sangre como puerta para recibir información e irradiar su propia energía. El torrente sanguíneo porta la mayor parte del agua que circula por tu organismo, así como el agua del mar que cubre la mayor parte de la superficie terrestre. Mediante la sangre los nutrimentos de los alimentos que comes llegan a todas tus células, tejidos y órganos. Su poder de acción se basa tanto en la capacidad de reproducirse como en su natural potencial de generar placer.

Sus símbolos

Color

El naranja es el color del Chakra de la Sexualidad, un color secundario formado por la mezcla entre la energía roja del Chakra de Tierra y la amarilla del Chakra de la Voluntad. Se trata de un color que representa entusiasmo, felicidad, determinación y creatividad.

Figura

Su figura es el círculo, cuyo término viene del latín *ciculus,* que significa "redondez"; la figura de la creación, como las gónadas, el vientre materno, los senos, las lágrimas; las gotas de agua que se acumulan en la lluvia, el océano y los ríos.

Animal de poder: rana

Uno de los animales que representa al Chakra de la Creatividad es la rana. Este anfibio simboliza el poder de la transformación. De pequeña, es un pececillo sumergido en el agua, cuya forma recuerda a los espermatozoides; en su metamorfosis, termina convertida en rana, con la capacidad de vivir en la tierra.

Recostada sobre uno de los seis pétalos de la flor del loto, la rana canta sensual, iluminada por la luna, llamando la energía del agua. Su croar, como latido de corazón, penetra en el paraíso y despierta a los tlaloques, seres del trueno, para que descarguen la lluvia que limpia y fertiliza la tierra. Portadora de fertilidad, prosperidad y abundancia, ella otorga, según los ancestros, esperanza, fortuna y buena suerte.

La rana te invita a expresar la autenticidad de tus emociones. Ella descarga la tristeza en un llanto que parece lluvia torrencial; después transforma la melancolía en canto y se abre a la alegría. Honra tu llanto tanto como tu risa, agua purificadora del alma, y cántale a la vida.

Símbolo de la naturaleza

Los ancestros de culturas distintas han visto en el agua el símbolo que representa la fertilidad y la sensualidad, y como tal está asociado al Chakra de la Creatividad. Mira cómo los ciclos lunares influyen en las mareas, en los tiempos asignados para sembrar y cosechar, en el agua de tu cuerpo, en el nacimiento de los niños y en los índices de mortalidad. La Luna, nuestro satélite más cercano, abre la puerta del amor y funciona como llave psíquica para abrir la percepción.

Sus nutrientes

Los nutrientes que este chakra requiere para su salud está no sólo en las frutas acuosas, sino en el agua misma, tanto la dulce como la salada.

BENEFICIOS DEL AGUA DULCE:

Como ya sabes, la mayor parte de tu cuerpo es agua. El 83% de la sangre, 75% de tus músculos, 85 % de tu cerebro, 22% de tus huesos. Los riñones requieren agua para su funcionamiento de purificación y eliminación. El cerebro, piensa y se concentra mejor. El riesgo de enfermedades coronarias se reduce gracias al adecuado consumo del agua. El estómago y los intestinos la necesitan para trabajar adecuadamente, lo mismo que el hígado. Tu piel está más sana e hidratada, y si quieres bajar de peso, el agua te ayudará no sólo a sentirte más lleno, sino a regular tu metabolismo.

BENEFICIOS CURATIVOS DEL AGUA DE MAR:

El agua de mar contiene elementos químicos diferentes al agua de los lagos, lagunas y ríos. No sólo tiene dos elementos, sino 118 de la tabla periódica, convirtiéndola en una gran aliada para diferentes problemas de salud, tales como: osteoporosis, obesidad, infecciones intestinales, gripe y problemas respiratorios, tuberculosis, asma, bronquitis y problemas de piel, desde neurodermatitis hasta psoriasis; restablece el hígado y limpia los riñones; funciona como antibiótico y frena el cáncer. En Barcelona se le utiliza para la rehabilitación de personas con problemas de alcoholismo y drogadicción. La simple acción de respirar la brisa marina nos da la posibilidad de liberar toxinas y curar el estrés, la enfermedad del siglo XXI.

Hacia 1910, el investigador francés René Quinton descubrió que el agua de mar tiene los mismos componentes que las células del cuerpo, siendo muy similar al plasma sanguíneo. Junto con el Dr. Jarricot, fundó los famosos "Dispensarios marinos", con los que se salvaron cientos de vidas de niños y soldados durante la Primera Guerra Mundial.

Lo que es importante mencionar, para la intención de este libro, es que así como el agua de mar tiene todos los elementos de curación que requieren los seres vivos, tu cuerpo, compuesto en su mayor parte por agua, también tiene la capacidad de regenerar las células y sanarte por completo. ¿De qué depende? De tu nivel de conciencia individual y planetaria.

Ahora bien, es importante que océanos, ríos, lagos y lagunas se mantengan libres de basura y contaminantes (químicos industriales, conservadores, sustancias sintéticas en los detergentes y jabones para el hogar, minerales inorgánicos y petróleo) para conservar sus propiedades nutricias, curativas y regenerativas. De la misma manera, tu cuerpo necesita cuidar la calidad de alimentos y bebidas que ingiere para mantenerse vivo (conservadores y colorantes químicos, transgénicos, azúcares refinados y fertilizantes). Sin olvidar, por supuesto, el papel fundamental que juegan tus emociones y el estado de conciencia amoroso que sostiene tu vida cotidiana. ¿Qué tal si pasamos de una simple y resignada manera de vivir, basada en la sobrevivencia a la que empiezas a estar acostumbrado, a la reformulación de cuidar conscientemente el agua de tu cuerpo y las aguas del planeta para mejorar tu calidad de vida? La responsabilidad individual, en cada acto, genera la conciencia colectiva.

Sus cualidades

El Chakra de la Creatividad favorece la libre expresión de tus emociones: el llanto como liberación líquida del dolor, pero también las expresiones de descontento y de alegría. Esto, por un lado, te permite ser auténtico con tus emociones, y también te facilita aceptar los procesos y cambios de la vida con fluidez, sean agradables o no, con la capacidad de adaptarte a las nuevas circunstancias.

Una característica de quien vive con la posibilidad de adaptarse a los cambios es la amplitud mental y la tolerancia, no sólo al mundo visto como una serie de circunstancias abstractas y concretas, sino a las diferentes actitudes de los demás. Una persona tolerante tiene la confianza necesaria para enfrentarse a su prójimo con humildad, benevolencia, solidaridad y generosidad, y a la vez le resulta fácil recibir con gratitud lo que los demás pueden ofrecerle. En suma: es capaz de establecer relaciones sanas.

Dado que el Chakra de la Sexualidad rige las gónadas, está claro que esta capacidad para relacionarse con los demás tiene una expresión importante en la energía amorosa y sexual. Este chakra estimula dicha energía, fortalece el deseo y, en general, produce una gran cantidad de vitalidad. Asimismo, te da la posibilidad de experimentar el placer sin culpa, ni autocastigo, rompiendo con las creencias impuestas por las culturas y religiones basadas en el control, el temor y la opresión. Esta poderosa rueda de energía es la fuente de la sensualidad, convirtiéndose no sólo en la pila eléctrica del cuerpo sutil de los demás chakras, sino la puerta de acceso para la libre y auténtica expresión de tus deseos, anhelos y emociones, de tal manera que cuando la energía del chakra está en equilibrio, se puede utilizar para materializar cualquier proyecto o meta en la vida.

El Chakra de la Creatividad está relacionado con la sensibilidad, y su estado de equilibrio fomenta la expresión artística, el espíritu de investigación y el desarrollo general de cualquier aspecto creativo de tu vida, llámese fecundar un ser, generar un proyecto o cocinar. Al jugar como un mago en la cocina, embriagado por los aromas y los sabores para dar lo mejor de ti a ti mismo y a los demás, despiertas el placer —una vez que la deliciosa mezcla entra en la boca y es saboreada por la lengua— y se da el momento en el cual el poder inherente de la sexualidad en este chakra entra en acción para su deleite.

Consecuencias de su desequilibrio

La falta de equilibrio en el Chakra de la Creatividad afecta la expresión sana de las emociones. Una persona en esta situación tiende a negar sus malestares, pretendiendo que "está bien"; cuando es interrogada, afirma constantemente que "todo está bien", pero en realidad está deprimida o en crisis. Tiende a ser conformista, pero en realidad nunca se adapta a los cambios ni acepta varios aspectos de la realidad. Este malestar que no se expresa sanamente llega a los extremos de la negación emocional, por un lado, y de arrebatos de llanto excesivo e incontrolable, por el otro.

La incapacidad para interiorizar los sentimientos y los cambios que muestra una persona con el Chakra de la Creatividad fuera de equilibrio lleva a una falta de autoestima, que a menudo se manifiesta también en orgullo. Quien vive así tiende a llevar una "vida oculta" para "protegerse" emocionalmente, y prefiere compañías poco sanas, en lugar de relacionarse abiertamente con gente que la pueda nutrir energéticamente. Sus relaciones con los demás tienden a estar teñidas por la manipulación y el chantaje, que a menudo provienen de un miedo desmedido a la soledad. Es común que la gente con estos problemas tienda a comportarse como mártir y hacerse la víctima, además de mentir constantemente a quienes le rodean.

Asimismo, el desequilibrio en este chakra puede provocar incapacidad de sostener relaciones de pareja, y a que las empañe con miedo al placer, la vergüenza de su propia sexualidad. Los temores y supersticiones que ésta lleva aunados generan conductas de autocastigo, que van desde pequeños actos de autosabotaje (accidentes, imprevistos, alimentación compulsiva o no comer) hasta el masoquismo. La represión sexual puede llegar a ser una costumbre cotidiana, y las personas con este tipo de desequilibrio suelen justificar su insatisfacción asegurando que la procreación es su única función y el sexo no tiene ninguna importancia. Ya de placer ni hablamos.

La falta de balance en este chakra se manifiesta a menudo en síntomas y enfermedades como los siguientes:

Enfermedades y padecimientos físicos del Chakra de la Creatividad

- Enfermedades del sistema reproductor: síndrome premenstrual, quistes en senos y ovarios, fibromas, tumores en senos y en órganos reproductivos. Cáncer cérvicouterino o de próstata
- Tumores en el mediastino y el cerebro
- Leucemia
- Impotencia sexual
- Frigidez
- Infertilidad
- Problemas en los sistemas sanguíneo y linfático
- Insuficiencia renal
- Cistitis
- Inflamación de las mucosas
- Problemas con la salivación
- Problemas con los conductos lagrimales
- Anemia
- Adicción sexual
- Pérdida del sentido del gusto
- Alcoholismo, drogadicción
- Adicción al pan y los azúcares

Desequilibrios energéticos y emocionales del chakra de la creatividad

- Incapacidad para interiorizar
- Negación de las emociones: cree que todo está bien

- Adicción a mentir: mitomanía
- Culpa
- Autocastigo
- Miedo a la soledad
- Sometimiento
- Manipulación y chantaje
- Vergüenza sexual
- Perversión sexual
- Victimismo
- Celos
- Masoquismo
- Sadismo
- Fraude
- Creencias y supersticiones

> **El equilibrio del Chakra de la Creatividad te otorga autenticidad, fluidez, capacidad de ser creativo, expresivo y libre.**

Equilibrio para el Chakra de la Creatividad, el poder de la sexualidad

¿Cómo sabes si tu Chakra de la Creatividad está fuera de balance? Responde el siguiente cuestionario:

1. ¿Te consideras creativo o tienes la creencia de que la creatividad es un don especial otorgado a unos cuantos, pero no a ti?
2. ¿Sufres de cistitis con frecuencia?
3. ¿Tienes problemas con los riñones, desde cálculos hasta infecciones?
4. ¿Tienes quistes, fibrosis quística o tumores en ovarios, matriz o próstata?
5. ¿Tienes cáncer en ovarios, matriz, testículos o próstata?

6. ¿Te cuesta trabajo llorar?
7. ¿Eres introvertida y no expresas tus emociones?
8. ¿Tienes problemas de infertilidad?
9. ¿Tienes problemas con tu sexualidad (hombres: eyaculación prematura, falta de erección. Mujeres: conflicto para sentir placer y tener orgasmos, frigidez)?
10. ¿Tienes alguna de estas creencias con respecto al sexo?: ¿que el sexo es malo, pecaminoso, que sólo sirve para la procreación, que no es necesario en absoluto, o no puedes vivir sin sexo?
11. ¿Estás dedicado a algo que no tiene nada que ver con lo que realmente deseas?
12. ¿Perdiste el sentido del gusto?
13. ¿Tienes baja autoestima?
14. ¿Eres adicta al pan, a las harinas refinadas y a los dulces?
15. ¿Te traicionas renunciando a lo que es importante para ti y tus valores?

Tu evaluación: si 25% de las respuestas son afirmativas, es importante que empieces a trabajar con tu Chakra de la Creatividad.

Ahora, vamos a la práctica cotidiana.

Tu práctica de meditación

El sonido para fortalecer el segundo chacra es *Vam*. Pero vamos a suponer que eres muy creativo, pero no logras aterrizar tus proyectos y tienes problemas con tu economía; en este caso, te sugiero que, además de vocalizar el sonido que corresponde a la creatividad, también vocalices *Lam*, para que tus trabajos tengan un objetivo claro y lleguen a la meta con prosperidad a través de la energía de la tierra.

Indicaciones generales

Siéntate cómodamente sobre tu cojín de meditación o en una silla, con la espalda erguida. Coloca las manos sobre las rodillas. Esta posición favorece la concentración y te prepara en caso de que quieras realizar cualquier otro mudra o posición de poder. Concéntrate en tu respiración. Puedes iniciar tu práctica con los ojos abiertos, estando consciente de los ruidos y de la atmósfera del lugar donde te encuentres. No mires hacia todos lados y tampoco mantengas la mirada en un punto fijo. Simplemente deja que tu mirada descanse en un lugar, cualquiera que éste sea. Cuando lo sientas, cierra los ojos con suavidad, mientras continúas respirando. Deja pasar todos los pensamientos, no te aferres a ninguno. Llénate de paz mental.

Mudra Pushpaputa, posición o lenguaje simbólico de las manos para el Chakra de la Creatividad

Coloca las manos sobre las rodillas con las palmas hacia arriba, cuida que estén relajadas, sin tensión, haciendo un pequeño hueco en tus palmas, sin separar los dedos, como si te fueran a dar un regalo y no permitieras que se derramara o cayera.

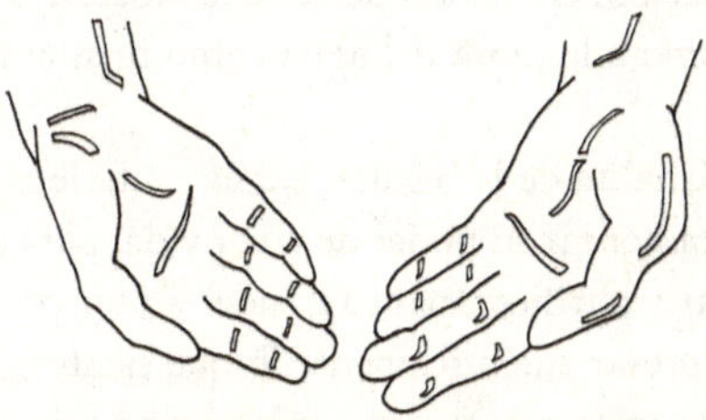

Propiedades

Plano físico: está especialmente recomendado para las personas que se quieren embarazar. Pide salud.

Plano emocional: te otorga esperanza, alegría y fe.

Plano mental: te da el sostén para crear un proyecto, para realizar algo que consideras imposible.

Plano espiritual: este mudra te ayuda a abrirte a la felicidad para recibir los regalos que la vida tiene para ti. Te abre a recibir milagros.

Recibe.

Ahora, haz una respiración profunda. De preferencia, cierra los ojos mientras continúas respirando suvemente. Deja pasar todos los pensamientos, no te aferres a ninguno. Y ahora concentra tu atención debajo del ombligo y visualiza un círculo color naranja que gira suavemente en el bajo vientre, el asiento de tu creatividad, repite el sínodo sagrado *Vam*.

Mantra o sonido de poder: *Vam*

Vam, aumenta los fluidos corporales, el agua de todo tu organismo, trabaja directamente con tu energía creativa y sexual.

Imagina ahora que en tu vientre llevas la luna en cuarto creciente, como llave mágica para ayudarte a abrir la puerta de la creación. Los flujos lunares te dan la capacidad de sembrar, con el poder de tu intención, cualquier cosa que desees, desde una receta de cocina hasta un proyecto mayor que implique un cambio de vida. Imagina que la energía lunar acuna, nutre y protege con su manto naranja los frutos de tu creación: el Chakra de la Sexualidad te da el atributo de llevar en ti mismo a la diosa del agua como fuente milagrosa de tu propia vida.

Hablar del Chakra de la Sexualidad es cantarle al mar, a los ríos y a la lluvia para honrar su poder de crear vida, para alabar su capacidad de limpiar y purificar, para aprender a fluir con las emociones y permitirte expresar auténticamente lo que sientes; la puerta de tu libertad para ser quien eres y respetar lo que no eres.

La fuente creadora que habita en ti es el poder de la creación. Ábrete para recibir los milagros que quieres para tu vida.

Tu nutrición

Los nutrimentos que el Chakra de la Creatividad necesita para su salud provienen sobre todo de los vegetales antioxidantes, ricos en vitamina E y omega-3, como el amaranto y la chía, así como de los llamados pescados azules, que contienen grasas con omega-3, como el atún, la sardina, el salmón, el arenque y el boquerón. Entre las frutas y semillas ideales para nutrirlo se cuentan el aguacate, cereza, ciruela, guanábana, higo, mango, níspero, melón, uva, almendra dulce, cacahuate, semilla de girasol y toda clase de bayas: arándano azul o rojo, frambuesa, fresa, grosella y zarzamora. Por supuesto, dado que el chakra manifiesta la energía del agua, es indispensable para su equilibrio beber unos tres litros de agua diarios, agua de mar o suero oral.

Tus cuidados en ayunas

1º. En ayunas: bebe una taza de agua tibia con el jugo de un limón para alcalinizar tu organismo. Si tienes problemas intestinales, puedes agregar una cucharada sopera de aceite de oliva, aceite de semilla de uva o aceite de coco.

2º. Prepara un té compuesto por la siguiente combinación de plantas medicinales, elige por lo menos tres de ellas: barbasco, canela, cola de caballo, cabello del elote, cempasúchil, marrubio, romero, ruda, la hierba llamada santa maría o matlali, palo azul, perejil o riñonina.

3º. Toma un licuado hecho a base de piña, perejil, apio (remineraliza y purifica los riñones). O bien, un licuado de frutos rojos y canela (recomendado especialmente para potencializar la fertilidad y elevar la energía).

Tus plantas medicinales

Las principales plantas tradicionales que aportan beneficios para el tratamiento de síntomas y malestares asociados a problemas del Chakra del Agua son el barbasco, canela, cola de caballo, cabello del elote, cempasúchil, marrubio, romero, ruda, la hierba llamada santa maría o matlali, el palo azul, el perejil y la riñonina.

Tus ejercicios

El Chakra de la Creatividad, cuyo elemento es el agua, se ve beneficiado por la natación, pues es un ejercicio físico completo que se realiza dentro de su elemento natural. Asimismo, se ve favorecido por los ejercicios de poder como chi-kun, tai chi y yoga.

Tus cuarzos

Algunos cuarzos y piedras de poder que contribuyen al equilibrio de la energía del Chakra de la Creatividad son el ámbar, brillante, citrino, cuarzo rutilado, jade, piedra luna, topacio y turmalina. Elije uno de estos cuarzos para fortalecer tu Chakra de la Creatividad y, ya sea que lo tomes con las manos mientras realizas tu práctica de meditación, o que lo traigas contigo el día entero.

Tu aromaterapia

El equilibrio del Chakra de la Sexualidad se favorece con esencias de canela, romero, salvia, sándalo y pachuli. Elige una de estas esencias para fortalecer tu energía y coloca un poco de la esencia en la planta del vientre y, sobre todo, sobre el ombligo, haciendo movimientos circulares en el sentido de las manecillas del reloj.

Tu música

La tonalidad musical de este chakra es *Re.* Su acción se estimula mediante música cuyo ritmo está sostenido por percusiones e instrumentos de cuerda, como guitarra, violín y chelo, así como el piano, que emite sus sonidos mediante la percusión de sus cuerdas. También lo favorecen instrumentos de aliento, como trompetas en tono suave, flautas dulces y oboes.

Este chakra recibe estímulos de música que exprese la sensualidad de la vida y la capacidad creativa, como bossa nova, jazz, salsa, samba, cumbia, danzas árabes y tango, pero también por música que se exprese con suavidad, como las baladas románticas y el vals. También lo nutren los sonidos de agua como del mar, ríos y cascadas.

Para quienes aprecian la música clásica, aquí van algunas recomendaciones:

- Ludwig van Beethoven, *Claro de luna.*
- Federico Chopin, *Spring waltz, Preludio No. 4 para piano.*
- Claude Debussy, *Claro de luna.*
- Arturo Márquez, *Danzón No. 2.*
- Manuel M. Ponce, *Intermezzo y valses para piano.*
- Juventino Rosas, *Sobre las olas.*

- Johann Strauss, *El danubio azul.*
- Astor Piazzola: *Libertango.*
- Heitor Villa-Lobos, *Bachianas brasileiras.*

Tus acciones

1º Tener contacto con la energía del agua: mar, laguna, lago, río, alberca, o fortalece tu energía a través del baño.

2º Tener contacto con la lluvia y la naturaleza del agua.

3º Realizar alguna actividad artística y/o creativa.

4º Practicar bailes sensuales.

5º Utilizar un lienzo naranja debajo del ombligo.

6º Dibuja o pinta: una luna, una rana a la orilla de un río, una flor de loto con seis pétalos, el símbolo hindú del Chakra *Svadhishthana.*

Tu actitud básica para fomentar el estado de conciencia

Generar una actitud de alegría, gozo y placer por la vida. Sé auténtico con quien eres. Expresa con libertad tus emociones.

Tus frases de poder

Expreso con libertad cualquier cosa que desee crear.
Mi emotividad se expresa con autenticidad.
Estoy dispuesto a abrir mi sensibilidad para gozar la vida.
Dios quiere para mí lo mismo que yo quiero para mí.

Resumen del Chakra de la Creatividad	
Localización:	Genitales
Órganos y funciones que gobierna:	Sistema reproductor, riñones, vejiga, fluidos corporales (jugos gástricos, saliva, orina, bilis, semen), sistemas circulatorio y linfático. Vértebras: tercera y cuarta lumbar y décima a doceava dorsal
Glándula que rige:	Gónadas
Órgano para adquirir conocimiento:	Lengua
Sentido de percepción ordinario:	Gusto
Sentido de percepción sutil:	Sabor
Órgano de trabajo:	Genitales
Poder para la acción:	Reproducirse, dar y recibir placer
Puerta de entrada:	Sangre
Elemento:	Agua
Color:	Naranja
Símbolo de la naturaleza:	Media luna en cuarto creciente
Figura:	Círculo
Número de pétalos:	Seis
Animal de poder:	Rana
Aspecto de la conciencia:	Creatividad, sensualidad, gozo, placer
Cuarzos y piedras de poder:	Ámbar, brillante, citrino, cuarzo rutilado, jade, topacio, turmalina

Esencias:	Canela, romero, salvia, sándalo y pachuli
Alimentación:	Verduras con antioxidantes, amaranto, chía, pescados azules, algas marinas y frutas, como el aguacate, cereza, ciruela, guanábana, higo, mango, níspero, melón, uva, almendra dulce, cacahuate, semilla de girasol y toda clase de bayas: arándano azul o rojo, frambuesa, fresa, grosella y zarzamora. Tres litros de agua diarios, agua de mar o suero oral
Plantas medicinales:	Barbasco, canela, cempasúchil, marrubio, romero, ruda, salvia, santa maría o matlali
Tonalidad:	*Re*
Instrumentos:	Percusiones, guitarra, violín, chelo, trompeta, flauta dulce, oboe, piano
Ejercicios:	Natación y ejercicios sagrados: artes marciales, tai-chi, chi-kun
Mudra para la meditación:	Pushpaputa
Mantra para la meditación:	*Vam*
Tus acciones:	Tener contacto con la energía del agua (mar, laguna, lago, río, alberca) y con la naturaleza. Realizar alguna actividad artística y/o creativa. Practicar bailes sensuales. Utilizar un lienzo naranja debajo del ombligo. Dibuja o pinta: una luna, una rana a la orilla de un río, una flor de loto con seis pétalos, el símbolo hindú del Chakra *Svadhishthana*
Tu actitud básica para fomentar el estado de conciencia:	Alegría, gozo y placer por la vida. Sé auténtico. Expresa con libertad tus emociones con autenticidad, fluidez, capacidad de ser creativo, expresividad y libertad

Tus frases de poder:	Expreso con libertad cualquier cosa que desee crear. Mi emotividad se expresa con autenticidad. Estoy dispuesto a abrir mi sensibilidad para gozar la vida. Dios quiere para mí lo mismo que yo quiero para mí
Chraka paralelo:	Chakra de Tierra, Chakra del Amor, Chakra de la Comunicación, Chakra de la Visión

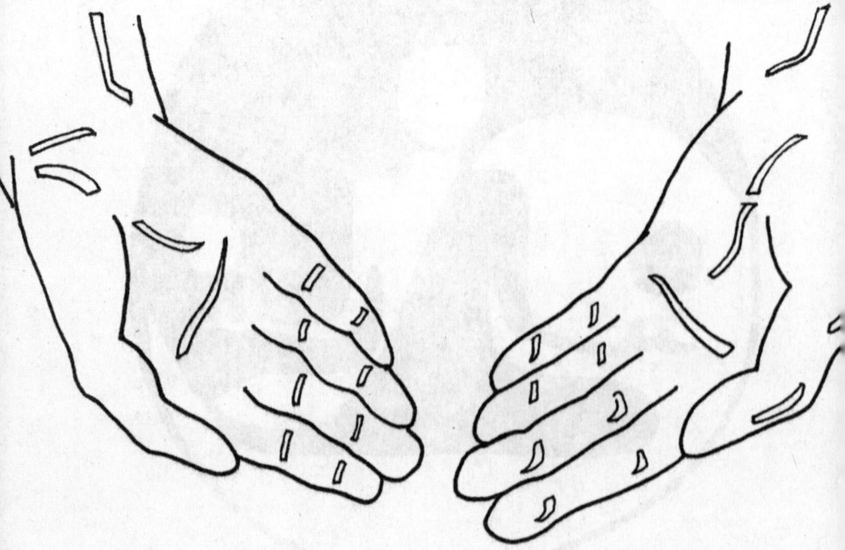

CAPÍTULO V

CHAKRA DE LA VALENTÍA O EL PODER DE LA ESTRATEGIA

Imagina un círculo de color amarillo situado arriba del ombligo, en el esternón: estás en el Chakra de la Valentía, situado en el plexo solar. En sánscrito se llama *Manipura,* que significa "Ciudad de Joyas". Algunos maestros sitúan este chakra en el ombligo. Sin embargo, otros coincidimos con la filosofía de los antiguos mesoamericanos y otras culturas, que consideran que el ombligo tiene su propio centro energético; por eso lo trato aparte, dándole la importancia que merece, con su propio capítulo.

Su elemento

Su elemento es el fuego. Este chakra se alimenta de los rayos solares para distribuir calor a todos los demás chakras. Es el encargado de regular la energía de fuego que necesita tu organismo.

El fuego es la oxidación de la energía en forma de luz y calor. Al principio, la energía del fuego no existía en el planeta. Su existencia requirió la participación del elemento aire, particularmente del oxígeno de nuestra atmósfera. Contrariamente a lo que podría pensarse, el Sol no tiene fuego, sino un plasma incandescente; nuestros ancestros lo llamaban el Gran Padre.

El ser humano tomó conciencia de su evolución cuando descubrió el fuego. Primero lo utilizó como fuente de calor, pero después, a través de la observación y la experimentación, descubrió que podía emplearlo también para asar alimentos, cocer arcilla, confeccionar herramientas y utensilios. Entonces empezó a agruparse en comunidades, adquirió poder y se convirtió en líder. Por primera vez, su columna vertebral se irguió, como cuando un niño pequeño da sus primeros pasos, y entonces miró al Sol; fue consciente de la influencia que la estrella diurna ejerce sobre los ciclos de la naturaleza y la empezó a honrar como dios, creador de vida.

Así como el Sol proporciona luz y calor no sólo a nuestro planeta y a todos los seres que vivimos en él, sino al sistema planetario, de la misma manera el fuego del plexo solar regula la temperatura de todos los demás chakras y nos da la capacidad de transmutar todo aquello que necesitamos cambiar. Imagina que en la boca del estómago, entre las costillas flotantes, llevas una hoguera que te permite quemar lo que ya no quieres; el fuego te da la fuerza de eliminar lo viejo y lo que necesitas hacer para evolucionar: el miedo por el valor, la impaciencia por la paciencia, el enojo por la alegría, la desesperanza por la esperanza, la insatisfacción por la satisfacción, la falta de aprecio por la autoestima, la ira por la comprensión, el apego por el desapego. En el plexo solar habitan, al mismo tiempo y en el mismo lugar, tanto la fuerza guerrera, con la voluntad para impulsarte a realizar tus más grandes batallas, como tu niño interior, con la confianza entregada a la alegría de vivir ligero, divertido y de buen humor, porque sabe que la vida no necesita ser tan seria para vivirse a plenitud.

Un fuego en equilibrio te permite modular las emociones con una frecuencia adecuada: el "punto medio" o "justo medio", del que hablaba Aristóteles en su *Ética nicomáquea*. En el centro del plexo solar tienes, por una parte, fuerza, valentía, empuje, dignidad, lealtad a ti mismo, autoestima, estrategia y paciencia; y, por la otra, alegría, sentido del humor, capacidad de juego, satisfacción, aprecio, aceptación, fluidez, gratitud. El fuego es la puerta del desapego para que puedas quemar lo que no necesitas, te deja libre para renacer de entre las cenizas, como el ave fénix.

Su relación con el cuerpo físico

Los órganos y los sistemas que dependen del Chakra de la Valentía para el buen funcionamiento de su salud son: el hígado, vesícula biliar, páncreas, estómago y su boca, sistema muscular y sistema óptico. En la columna las vértebras de la 4ª a la 9ª dorsal son las encargadas de irradiar la energía de este chakra.

De manera especial, cabe mencionar la importancia del hígado, cuya función purificadora del sistema sanguíneo y digestivo desempeña un papel crucial en el estado de la salud del organismo. Ubicado en el costado derecho, debajo de la quinta costilla, se relaciona con el corazón a través de la vena porta y con el diafragma a través del ligamento falciforme, el cual se extiende hasta el ombligo. Por lo tanto, se puede observar una función triangular entre el hígado, el páncreas y el corazón. No es un accidente que su símbolo sea un triángulo, como veremos más adelante.

La glándula que lo rige, como puente de enlace con el cuerpo físico y sutil, es el páncreas. Se trata de una glándula mixta exócrina (segrega encimas digestivas) y endócrina (productor de hormonas: insulina y glucagón); endógena de unos 20 a 30 centímetros de longitud y cinco de grosor, con unos 30 gramos de peso, localizada detrás del estómago, junto a las suprarrenales. Se encarga de segregar enzimas digestivas que ayudan a la ruptura de grasas, carbohidratos, proteínas y ácidos nucléicos para que puedan ser asimilados por el intestino delgado. También produce insulina y glucagón para regular los niveles de glucosa en la sangre, además del jugo pancreático, que mantiene en equilibrio los niveles metabólicos de grasa que requiere el organismo.

El funcionamiento energético correcto del plexo solar depende de la triangulación entre las glándulas suprarrenales, el páncreas y el timo. De tal manera, aporta resistencia tanto al sistema inmunológico como al glandular o endócrino.

El órgano que le permite conectarse con la realidad son los ojos; por ende, el sentido con el que se relaciona instintivamente con el mundo es el de la vista. Por eso cuando una persona sufre de infecciones oculares de manera persistente, no siempre es por un problema en los ojos o causado por alguna alergia, sino por un bloqueo energético que inicia en el chakra del plexo solar.

Por otra parte, el sentido de percepción sutil de este chakra es la observación. Observar la vida sin juicios, críticas, ni opiniones personales. Observarla con aprecio. El budismo afirma que la observación es el camino hacia la iluminación; y el aprecio es el estado de conciencia en el que descansa la mirada para nutrir el alma. Pero cuidado: aquí la observación y el aprecio no son cualidades que se dirijan sólo a los asuntos externos de la vida, sino también a ti mismo, a tu interior. Cuando adquieres la capacidad de llevar la mirada de afuera hacia adentro, la observación y el aprecio se convierten en un camino de ida y vuelta que realiza la mirada de adentro hacia fuera, como la ruta mágica que te lleva al encuentro de ti mismo.

Los órganos que manifiestan la acción de su poder son las piernas y los pies, ya que el poder de su evolución se basa en caminar: el avance de tu vida a través de sus distintos ciclos.

La puerta de entrada de que se vale para recibir información del mundo exterior e irradiar su energía es la masa muscular. Los músculos que sirven para proteger y dar forma al sistema óseo permitiendo que desplaces tu cuerpo a cualquier lugar y en cualquier posición en el transcurso de tu vida.

Sus símbolos

Color

El color que corresponde al Chakra de la Valentía es el amarillo, que puede entenderse como una mezcla entre el rojo (correspondiente al Chakra de la Tierra, que rige las glándulas adrenales), el blanco (del Chakra del Ombligo) y el verde (del Chakra del Corazón que rige el timo). Como vimos más arriba, su funcionamiento depende del equilibrio justo entre estas glándulas. El amarillo es el color más visible a la distancia: simboliza entusiasmo, alegría, juego, inteligencia, velocidad, fuerza de voluntad y valentía.

Figura

Su figura geométrica es un triángulo con la punta hacia arriba. Los tres vértices de este triángulo denotan el equilibrio entre la valentía, la paciencia y el amor, correspondientes a tu hígado, tu páncreas y tu corazón.

La flor de loto que lo representa tiene diez pétalos; este número simboliza la perfección del Sol.

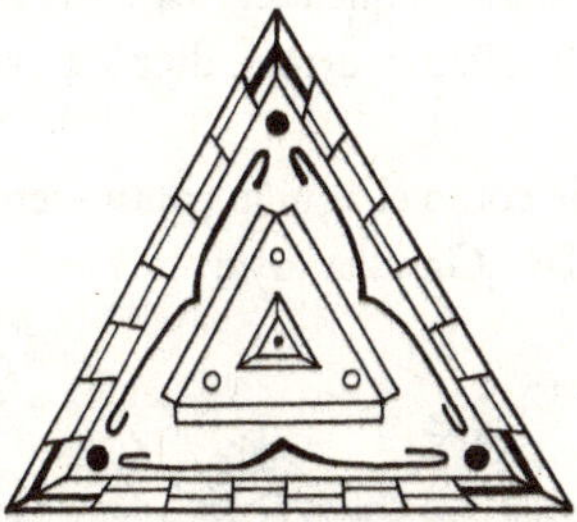

Animal de poder: águila

Este guardián planetario representa liderazgo, orden, capacidad estratégica, contundencia, dignidad, impecabilidad y libertad.

El águila participa en los mitos de creación: cuentan que los dioses se reunieron en Teotihuacan, alrededor del fuego sagrado, para crear a la nueva humanidad; deliberaban cuál de ellos sería el primero en echarse a la hoguera para crear con sus cenizas a la nueva humanidad, cuando un águila real pasó volando por encima de ellos y se dejó caer en picada al fuego sagrado. Después de ella, los dioses se fueron echando, uno a uno, ya que ella les había mostrado, con su ejemplo, el poder de su determinación. Después volaron juntos más allá del Sol, al universo. Desde entonces, su plumaje es honrado como elemento de poder y ella es numen del sol, alimentando con su energía al gran astro, de la misma manera que lo hace el Chakra de la Valentía, ubicado en el plexo solar.

En las tradiciones mesoamericanas es uno de los guardianes más apreciados dentro del chamanismo. Por una parte, el poder de su visión te otorga la capacidad de mirar los acontecimientos desde arriba, más allá de los límites y de las apariencias. Y por la otra, ella tiene la capacidad de transmutar el miedo en valentía, el desorden en estrategia, la queja en aceptación, la resignación en determinación para el logro de tus anhelos más profundos. El águila es, en sí misma, uno de los símbolos de la renovación. ¿Qué requieres soltar para renovar tu vida? ¿Cuál es el desapego que necesitas poner en acción para transformarla? El águila, pues, te otorga el poder de la observación, sin interpretación, sino como el testigo que observa sin juicios ni críticas la realidad que crea; así vuela con tenacidad para ir por lo que quiere con valentía, arrojo, dignidad y determinación para llegar a las alturas.

No te resignes. Sé como el águila: contundente, clara y visionaria para ganar las batallas. ¡Gana la tuya!

Símbolo de la naturaleza

Por ser el Sol el centro del sistema planetario, es el símbolo del chakra del plexo solar, ya que éste es el lugar energético que regula la temperatura de todo tu organismo. Cuando veas este símbolo, imagina que en tu interior llevas un sol que te hace ser líder de tu propia vida, llena de esperanza y valentía, moviéndote sin prisa, con un ritmo que equilibra en sí las fuerzas de la audacia, la constancia, la valentía, la estrategia, la dignidad, la prudencia y el juego.

Sus nutrientes

Los nutrientes que el Chakra de la Valentía requiere para su salud y equilibrio están en todos los que aportan fuerza y energía: alimentos ricos en hierro como las acelgas, espinacas, berros, quelites, verdolagas, germinados de alfalfa, trigo y lenteja, así como de leguminosas. Lo mejor para este chakra son los tés amargos, de alcachofa, boldo, jengibre, diente de león, cardo mariano y gobernadora. Y no hay que olvidar el consumo de chiles de cualquier tipo, el tomate verde y el cilantro. En resumidas cuentas, nada como una buena salsa verde para fortalecer el chakra del plexo solar.

Sus cualidades

Como el Sol en nuestro sistema planetario, este chakra se encarga de distribuir la energía que nutre al cuerpo energético. Asiento de la autoestima y la valentía, fomenta tanto la sensación de bienestar y el cuidado por uno mismo como las dotes sociales y de liderazgo. Una persona con autoestima sana tiene normalmente una gran capacidad para la introspección y la aceptación de sus errores, y al mismo tiempo le resulta fácil tomar decisiones, tanto para su propio bien (en los aspectos físico, mental y emocional) como en servicio del prójimo. La autoestima también facilita la autocrítica, por ende, te proporciona la posibilidad de transformarte y tomar las decisiones que te lleven a cambios significativos en tu vida.

El sentido de liderazgo, autoridad e iniciativa que se concentra en el Chakra de Fuego no sólo se manifiesta en actitudes y muestras externas de honor, valentía y nobleza: también se refleja en una actitud positiva ante la familia, tanto en actos generosos como en la conciencia y la certeza de que eres parte de un equipo que te quiere, te nutre y te energiza. El líder no sólo muestra lealtad al grupo: también se sabe querido y acogido por él.

La armonía interna alcanzada por alguien que tiene este chakra en equilibrio lo hace mostrar calidez, tolerancia, generosidad y paciencia ante los demás y ante diversas situaciones de la vida. Su agudo sentido de la alegría y del humor lo ayuda también a encontrar la serenidad, el equilibrio y la paz, aun en las situaciones más complicadas.

Consecuencias de su desequilibrio

Quien no tiene en equilibrio el chakra asociado con la autoestima y la valentía suele ser presa de todos los temores imaginables, los que nos impiden seguir adelante y gozar la vida en plenitud: el miedo a no ser querido, a que nuestra pareja o nuestros amigos se separen de nosotros, a lo desconocido… Estos miedos suelen manifestarse en formas externas negativas como el complejo de inferioridad, el resentimiento, la culpa o los celos.

La inseguridad propia, por la falta de autoestima, también hace que nos sintamos víctimas y nos hagamos las víctimas o los mártires, que actuemos con apatía ante lo que ocurre a nuestro alrededor y, sobre todo, que seamos incapaces de exigir que los demás respeten nuestros límites: no sabemos decir que no, ni siquiera cuando se nos invita (o se nos presiona) para hacer cosas que no nos agradan o que no nos llenan, o para las que en realidad no tenemos tiempo ni energía.

En el otro extremo, el desequilibrio en el Chakra de Fuego puede manifestarse en forma de egoísmo y terquedad: desde un orgullo desmedido hasta las peores muestras de intolerancia, impaciencia y rechazo por las ideas, actitudes y acciones de los demás. La violencia, la crueldad y la ira son manifestaciones de estos problemas, como también lo es un deseo insaciable de lograr nuestras metas y obtener el reconocimiento externo en nuestro trabajo, aun a costa de nuestro bienestar físico y emocional, o del respeto por quienes nos rodean. Un apego excesivo a los aspectos mundanos e intelectuales es de la vida caracterizan también al desequilibrio en este chakra.

La falta de balance también llega a manifestarse en algunos síntomas físicos y enfermedades:

Enfermedades y padecimientos físicos del Chakra de la Voluntad

- En general, todas las enfermedades relacionadas con el estómago, hígado, páncreas y vesícula biliar
- Diabetes
- Pancreatitis
- Cáncer de páncreas
- Cáncer de hígado
- Distintas formas de hepatitis
- Cirrosis
- Saburra blanca
- Cálculos en la vesícula biliar
- Erupciones en la piel
- Enfermedades autoinmunes y alergias
- Inapetencia
- Fatiga extrema
- Debilidad muscular
- Baja presión sanguínea, pulso lento y débil
- Gastritis, reflujo y otros problemas estomacales y digestivos
- Úlcera
- Dolor en el diafragma
- Enfermedades del sistema nervioso
- Asma
- Insomnio
- Migraña, cefalea
- Enfermedades oftálmicas, infecciones oculares continuas
- Fallas de memoria

- Adicción al alcohol
- Adicción a los refrescos y los azúcares químicos o procesados
- Adicción a las drogas químicas o "naturales"
- Adicción a la comida chatarra

Desequilibrios energéticos y emocionales del Chakra de la Voluntad

- Todo tipo de miedos (a no ser querido, a la separación, a los cambios, a lo desconocido, a quedarse pobre, a ser rechazado, a recibir, a dar, a vivir, a amar, a morir)
- Codependencia
- Autoritarismo
- Resentimiento
- Celos
- Envidia
- Preocupación y aprehensión excesivas
- Orgullo
- Ira
- Impaciencia
- Intolerancia
- Apatía
- Crueldad
- Ser dictatorial
- Reacción ante todo
- Todo lo toma personal
- Necesidad de control
- Insatisfacción (nunca es suficiente)
- Necesidad de reconocimiento
- Victimismo
- Necesidad de poder y estatus
- Necesidad de reconocimiento
- Narcicismo
- Deseo insaciable de lograr metas
- Adicción al trabajo

> El despertar del Chakra de la Voluntad te otorga la capacidad de saber jugar en la vida, sin dejar de ser estratégico, audaz y valiente; al mismo tiempo que eres como un niño, confiando de manera continua, sabiendo que la vida es, al final de cuentas, el juego divino en el que tu alma viene no sólo a evolucionar y aprender, sino que también está aquí para divertirse.

Equilibrio para el Chakra de la Voluntad, el poder de la estrategia

¿Cómo sabes si tu Chakra de la Voluntad está fuera de balance? Responde el siguiente cuestionario:

1. ¿Sufres de gastritis, agruras, piedras en la vesícula, diabetes o cualquier padecimiento hepático?
2. ¿Eres criticón?
3. ¿Emites juicios con facilidad, no sólo sobre los demás, sino con respecto a ti mismo?
4. ¿Tiendes a tergiversar lo que ves?
5. ¿Necesitas la aprobación continua de los demás?
6. ¿Tienes la creencia de que eres incapaz de cuidarte a ti mismo?
7. ¿Te cuesta trabajo tomar nuevas responsabilidades?
8. ¿Tienes la creencia de ser responsable de lo que sucede a tu alrededor y que es tu deber cargar con todo?
9. ¿Tienes la creencia de que tú, y sólo tú, puede hacer las cosas bien y por eso trabajas solo?
10. Una vez que tomas una decisión, ¿te da miedo pasar a la acción y, a pesar de saber que es lo correcto, lo piensas... y lo piensas... y lo piensas... y lo vuelves a pensar...?
11. A pesar de tener más de 40 años, ¿te asusta crecer y pasas el día preguntándote: ¿seré capaz?
12. ¿Reaccionas ante ciertos comentarios, alguna mirada, cualquier mueca o signo que denoten desaprobación? Y si te preguntan: ¿por qué reaccionas? Inmediatamente

respondes: ¿yo?, ¿por qué?, ¿qué hice?, ¿de qué se trata? Y te vas ofendido.

13. ¿Dicen que te quejas de todo o casi todo? No te preocupes, es la opinión de quienes no pueden enfrentar la realidad ¿Acaso no se dan cuenta de las cosas?
14. ¿Eres de las personas que dan órdenes, levantando el dedo índice, con la misma naturalidad como si dieran los buenos días y se enoja si alguien se atreve a no ejecutarlas? Si tu respuesta es negativa, pregúntate si alguna vez te han dicho *mandón*.
15. ¿Te enojas con facilidad o te tragas la furia aparentando que nada te saca de control?

Tu evaluación: si 25% de las respuestas son afirmativas, es importante que empieces a trabajar con tu Chakra de la Voluntad.

Ahora, vamos a la práctica cotidiana que te ayude a equilibrar el centro del plexo solar.

Tu práctica de meditación

El sonido de este chakra es *Ram*. Supongamos, por ejemplo, que eres muy valiente y estratégico, pero tienes problemas de relación porque sólo sabes dar órdenes; te sugiero entonces que utilices el sonido del elemento viento *Yam*, para que el amor y la dulzura complementen tu práctica.

Indicaciones generales

Siéntate cómodamente sobre tu cojín de meditación o en una silla, con la espalda erguida. Coloca las manos sobre las rodillas. Esta posición favorece la concentración y te prepara en caso de que quieras realizar cualquier otro mudra o posición de poder. Haz una respiración profunda. Concéntrate en tu respiración. Puedes iniciar tu práctica con los ojos abiertos, estando consciente de los ruidos y la atmósfera del lugar donde te encuentras. No mires hacia todos lados y tampoco mantengas la mirada en un punto fijo. Simplemente deja que tu mirada descanse en un lugar, cualquiera que éste sea. Cuando lo sientas, cierra los ojos con suavidad, mientras continúas respirando. Deja pasar todos los pensamientos, no te aferres a ninguno. Llénate de paz mental.

Lenguaje o posición de poder para el Chakra de la Voluntad, Mudra Kubera

Siéntate con la espalda recta en una silla o en tu cojín de meditación. Haz una respiración profunda y calma tu mente.

Une la yema de los dedos pulgar, índice y medio de cada una de tus manos. Los otros dos dedos, anular y meñique, se doblan descansando en la palma de la mano.

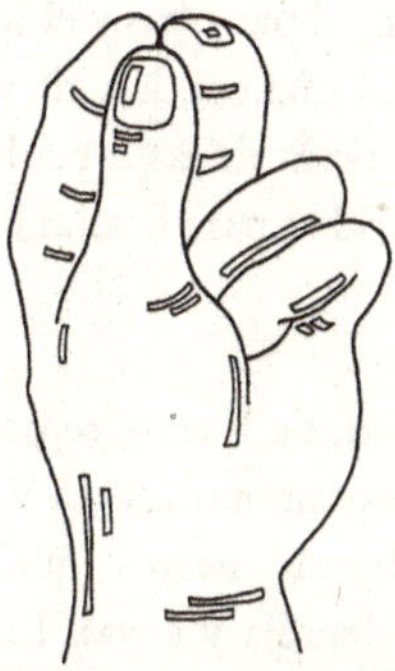

Propiedades

Plano físico: fortalecimiento del hígado, páncreas y torrente sanguíneo.

Plano emocional: te otorga equilibrio, voluntad y determinación.

Plano mental: capacidad de concentración, planeación y estrategia.

Plano espiritual: este mudra concentra la energía de la mente, el cuerpo y el espíritu para la realización de cualquier deseo.

Logra.

Y ahora concentra tu atención en el plexo solar, el poder de la voluntad, mientras visualizas un círculo color amarillo que gira suavemente. Enfoca tus proyectos, tus logros o las metas que quieras alcanzar y concentra tu intención para que tengas la fuerza y la voluntad de lograrlo.

Mantra o sonido de poder: *Ram*

La repetición de este mantra o sonido facilita la buena asimilación de los alimentos y la digestión. Asimismo, otorga fuerza de voluntad, paciencia, equilibrio y seguridad. Su vibración carga de energía a cada uno de los chakras.

Imagina que te dejas quemar desde el Chakra de Fuego, una y otra vez, sin miedo, con entrega y confianza. Tu transformación te convierte en una mejor versión de ti mismo. Entre más sueltas los apegos que te unen al pasado y a lo que no es realmente importante para ti, más recobras la libertad de renacer de entre tus propias cenizas. Aunque tengas un alma vieja, puedes recobrar al niño interior que juega entre el hígado, el páncreas y el corazón para renovar cada una de tus células. De tal manera, la vida se vuelve más ligera, más divertida, más fácil. Y a pesar de las dificultades, tu visión de águila logrará atravesar la oscuridad para levantar el vuelo.

Tu nutrición

El Chakra de la Voluntad, de Fuego, se beneficia especialmente de nutrimentos que le proporcionan fuerza y energía: alimentos ricos en hierro (acelgas, espinacas, berros, quelites, verdolagas, germinados de alfalfa, trigo, lenteja y soya). Leguminosas como el frijol, haba, lentejas y chícharos; alimentos altos en vitaminas B y E. Se recomienda asimismo el consumo de cereales como arroz, maíz y avena. Las frutas que lo benefician son el chabacano, manzana, membrillo, piña, tamarindo, tejocote, zapote, uva blanca o verde. Verduras y tubérculos como la papa, jitomate, aguacate, alcachofa, chile, nabo y tomate verde. Y no hay que olvidar a la familia de las nueces: avellana, nuez de Castilla y semilla de girasol, así como el consumo de chiles de cualquier tipo y el cilantro. En resumidas cuentas, nada como una buena salsa verde para fortalecer al chakra del plexo solar.

Tus cuidados en ayunas

1º. En ayunas: bebe una taza de agua tibia con el jugo de un limón para alcalinizar tu organismo. Si tienes problemas intestinales puedes agregar una cucharada sopera de aceite de oliva, aceite de semilla de uva o aceite de coco.

2º. Prepara un té compuesto por la siguiente combinación de plantas medicinales, elige por lo menos tres de ellas: ajo, alcachofa, boldo, canela, cardamono, cardo mariano, cúrcuma, diente de león, fenogreco o alholva, alga fucus, ging seng, hinojo, jengibre, ortiga, pimienta, siempreviva, wereke o guareque y té verde. La mezcla que se utiliza para preparar el té chai son todas las que requiere el centro del plexo solar para estar fortalecido: canela, cardamono, jengibre, limón, nuez moscada, pimienta negra, té negro o té verde.

3º. Toma un licuado hecho a base de espinaca, apio, pepino, una manzana o una pera y el jugo de un limón.

Tus plantas medicinales

Las plantas medicinales que más se recomiendan en el tratamiento de males relacionados con el Chakra de la Voluntad son las más amargas, que además tienen cualidades depurativas y regeneradoras, como la alcachofa, ajo, boldo, cúrcuma, diente de león, fenogreco o alholva, alga fucus, ging seng, hinojo, jengibre, ortiga, pimienta, siempreviva, wereke o guareque, cardo mariano y té verde.

Tus ejercicios

El ejercicio ideal para fortalecer este chakra, relacionado con la fuerza y el liderazgo, es aquel en el que intervengan, justamente, la fuerza física y mental, la estrategia y el juego, principalmente artes marciales como el taekwondo y el kung fu. También le son idóneos los deportes extremos como el ciclismo de montaña, el alpinismo y el paracaidismo, pues ayudan a vencer los miedos.

Tus cuarzos

Algunos cuarzos y piedras de poder que nutren y contribuyen al equilibrio de la energía concentrada en este chakra son: el ámbar, brillante, calcita, citrino amarillo, esmeralda, malaquita, pirita, topacio y turmalina. Además de que puedes llevarlos contigo todo el tiempo, te sugiero hacer tu práctica de meditación con un cuarzo en cada mano o pegártelo al plexo solar con una cinta adhesiva.

Tu aromaterapia

Algunas esencias que pueden utilizarse en aromaterapia para propiciar el equilibrio del Chakra de la Voluntad son: el jengibre, lavanda, romero, limón, manzanilla y flor de naranjo. Coloca un poco de la esencia que elijas en la planta de tus pies, en el área del ombligo y en el plexo solar, con movimientos circulares en el sentido de las manecillas del reloj.

Tu música

La tonalidad correspondiente al Chakra de la Voluntad es *Mi*. La música que estimula su acción es aquella cuyo ritmo está sostenido por percusiones y que involucra el timbre de instrumentos de cuerda graves, como el chelo y el contrabajo, además de trompetas, oboes y piano. Recibe estímulos de música cuyo ritmo estimule a la acción, el entusiasmo, la valentía y el juego: la combinación de alientos marciales con melodías juguetonas es la ideal para mantenerlo despierto.

Para quienes aprecian la música clásica, aquí van algunas recomendaciones:

- Béla Bartók, *Divertimento para orquesta de cuerdas.*
- Ludwig van Beethoven, *Sonata para piano núm. 23 en Fa mayor, "Apasionada"; Concierto para piano y orquesta No. 5, "Emperador".*
- Piotr I. Tchaikovsky, *Obertura 1810.*
- Frederic Chopin, *Estudio para piano op. 10, núm. 12, "Revolucionario".*
- Igor Stravinsky: *Polka circense.*

Tus acciones

1º. Lavarse los pies en agua caliente con sal o sulfato de magnesio.

2º. Abrazar un árbol con el brazo izquierdo, poner la mano derecha sobre el plexo solar y pedir al espíritu del árbol que te nutra con su energía.

3º. Observar el amanecer y el atardecer.

4º. Escribir en un papel los cambios que necesitas hacer y todo aquello que requieres soltar para generar un cambio en tu vida.

5º. Respeta los procesos naturales de la vida. Aprende a esperar, sin que esto te lleve a justificar la falta de acción.

6º. Realiza la actividad que te dé más temor: ¿a qué le tienes miedo? ¿A las alturas, a viajar en avión, a la velocidad, a la pelota, al elevador? Entonces, sube una montaña o la pirámide más alta, realiza un viaje por los aires, súbete a la montaña rusa, juega voleibol.

7º. Utiliza un lienzo amarillo en el vientre.

8º. Dibuja o pinta: una hoguera, un águila, el ave fénix, una flor de loto con 10 pétalos, el símbolo hindú del Chakra Manipura.

Tu actitud básica para fomentar el estado de conciencia

Genera una actitud de persistencia, valor, confianza, generosidad y alegría. ¡Ríe!

Tus frases de poder

Estoy seguro y en paz. Confío.
El mundo es seguro y amable. Puedo entregar mi confianza.
La vida es más fácil de lo que creo.

Resumen para el cuadro sinóptico del Chakra de la Voluntad, el poder de la estrategia	
Localización:	Boca del estómago, entre las costillas flotantes
Órganos y funciones que gobierna:	Hígado, vesícula biliar, páncreas, estómago, masa muscular, ojos
Vértebras:	De la cuarta a la novena dorsales
Glándula que lo rige:	Páncreas
Órgano para adquirir conocimiento:	Ojos
Sentido de percepción ordinaria:	Vista
Sentido de percepción sutil:	Observación, aprecio
Órgano de trabajo:	Piernas y pies
Poder para la acción:	Caminar
Puerta de entrada:	Masa muscular
Elemento:	Fuego
Color:	Amarillo
Símbolo de la naturaleza:	Sol
Figura:	Triángulo con la punta hacia arriba
Animal de poder:	Águila
Aspecto de la conciencia:	El líder, el guerrero, el niño interior. Valentía, dignidad, contundencia, arrojo, estrategia. Paciencia, confianza, lealtad, sentido del humor, juego, entusiasmo

Cuarzos y piedras de poder:	Ámbar, brillante, citrino, esmeralda, pirita, topacio, turmalina, citrino amarillo, sunstone, calcita y malaquita
Esencias:	Jengibre, lavanda, romero, limón, manzanilla y flor de naranjo
Alimentación:	Alimentos ricos en hierro, vitaminas B y E, cereales, leguminosas
Plantas medicinales:	Alcachofa, boldo, cardo mariano, diente de león, fenogreco, fucus, ging seng, hinojo, jengibre, ortiga, reshen, siempreviva, wereke
Tono musical:	*Mi*
Instrumentos:	Chelo, contrabajo, trompeta, piano
Ejercicio:	Artes marciales, deportes extremos, juegos
Mudra para la meditación:	Kubera
Mantra o sonido de poder:	*Ram*

Tus acciones:	Lavarse los pies en agua caliente con sal o sulfato de magnesio. Abrazar un árbol con el brazo izquierdo, poner la mano derecha sobre el plexo solar y pedir al espíritu del árbol que te nutra con su energía. Observar el amanecer y el atardecer. Escribir en un papel los cambios que necesitas hacer y todo aquello que requieres soltar para generar un cambio en tu vida. Aprende a esperar. Respeta los procesos naturales de la vida. Realiza la actividad que te dé más temor: ¿a qué le tienes miedo? ¿A las alturas, a viajar en avión, a la velocidad, a la pelota, al elevador? Entonces, sube una montaña o la pirámide más alta, realiza un viaje por los aires, súbete a la montaña rusa, juega voleibol. Utiliza un lienzo amarillo en el vientre. Dibuja o pinta: una hoguera, un águila, una flor de loto con 10 pétalos, el símbolo hindú del Chakra Manipura
Tu actitud básica para fomentar el estado de conciencia:	Genera una actitud de persistencia, valor, confianza, generosidad y alegría. ¡Ríe!
Tus frases de poder:	Estoy seguro y en paz, confío. El mundo es seguro y amable. Puedo entregar mi confianza. La vida es más fácil de lo que creo
Chakras paralelos:	Chakra de Tierra, Chakra del Centro

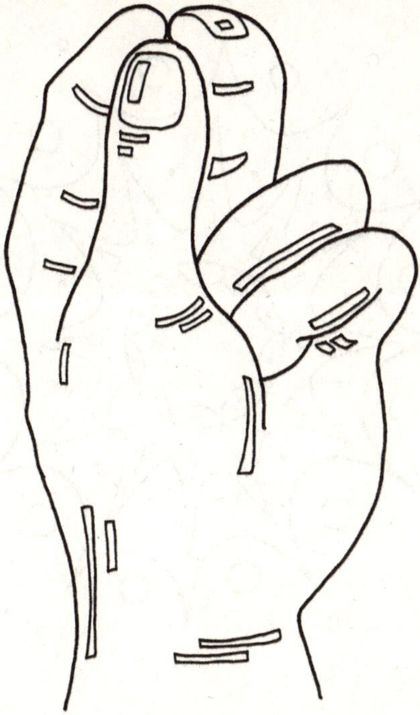

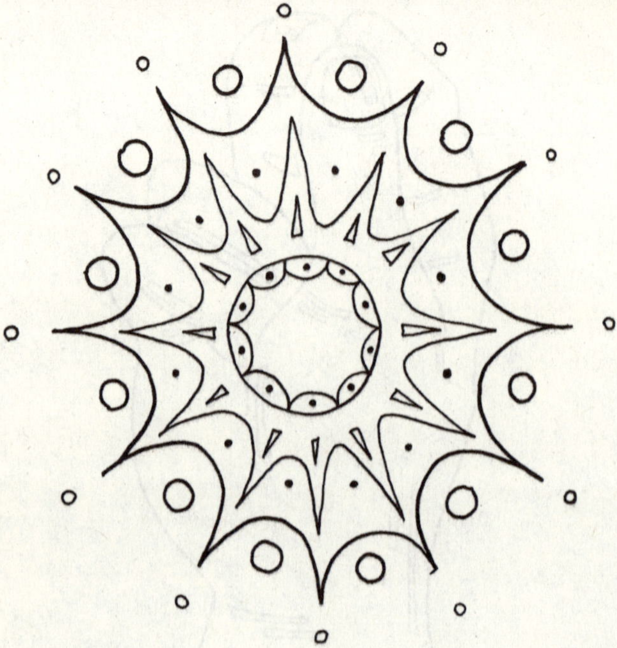

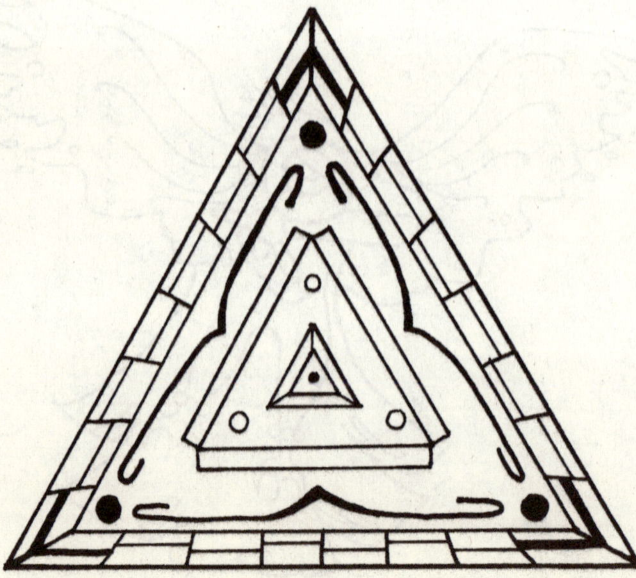

CAPÍTULO VI

CHAKRA DEL AMOR, EL PODER DE LA ALEGRÍA

Imagina un círculo verde situado en el centro de tu pecho: estás en el Chakra del Amor. En sánscrito se llama *Anahata*, que significa "Corazón del loto". Es el lugar que los ancestros llaman el "Corazón de piedra verde": el asiento de toda compasión y amor por tu propia vida, por la vida de los demás, por la vida de la naturaleza manifestada en cada planta, en cada árbol, en las hojas que se mueven con el viento, en el aroma que desprenden las flores cuando sus pétalos se abren para recibir el día. Con él, las raíces de tu vida están bien sostenidas, pues llevas contigo la fuerza de tus ancestros, la capacidad de crear vida, el valor para llevar a cabo todas tus metas. Es el lugar que nutre los rincones más íntimos de tu alma.

El elemento correspondiente al cuarto chakra es el aire. Se trata de una mezcla esencial para la vida del planeta. El aire que respiramos está compuesto por varios gases, principalmente nitrógeno, oxígeno y dióxido de carbono que se concentran en la atmósfera, la capa más cercana de las que rodean la Tierra, con siete kilómetros de altura en los polos y 16 en los trópicos. En la atmósfera se encuentran las nubes y el vapor de agua, de modo que ahí suceden los fenómenos atmosféricos que originan el clima. Más arriba, a 25 kilómetros de la superficie terrestre, se encuentra la capa de ozono que protege a la Tierra de los rayos ultravioleta. Tu vida depende de estos siete o 16 kilómetros de atmósfera, pues tu acto más importante es la respiración.

Respirar es lo primero que haces al nacer. Tu primera inhalación es el indicio de que estás vivo. La respiración es el acto que te conecta con la vida y con el mundo exterior, el único acto que tienes en común con todos los seres vivos: las plantas respiran, los animales respiran, la Tierra respira... cada ser humano. Hay muchas cosas que puedes dejar de hacer por sólo una hora sin que pase nada: puedes dejar de comer, dejar de tomar agua, dejar de caminar, dejar de ir al baño, dejar de hablar (aunque en algunos casos, eso sería un milagro); pero no puedes dejar de respirar, porque se te va la vida. Y así como tu primera inhalación te distinguió como ser vivo, así también tu última exhalación será el indicio de tu partida.

Imagina que a través de tu respiración sale un hilo finísimo de energía que se conecta con los hilos que salen de las plantas, de las flores, de los árboles. Imagina que puedes ver la Tierra muy de cerca y, al acercarte, observas que está llena de pequeños poros, como los de tu piel. Cuando la miras respirar, te das cuenta de que la Tierra también inhala y exhala, suavemente, inhala y exhala. Y cuando percibes que todo respira, como respiras tú, entras en contacto con la vida misma: entonces sabes que no estás solo, no eres un ser aislado sin rumbo, sino, por el contrario, un ser perfectamente integrado a la vida de este planeta; eres habitante de esta Tierra y estás conformado por los mismos elementos que ella. De modo que la respiración te da la capacidad de relacionarte con el mundo de afuera, pero también te da la oportunidad única de relacionarte con el mundo de adentro, con tu propio espacio, con la capacidad para conectarte contigo mismo. Cada inhalación es el latido que regenera los órganos internos y le recuerda a tu alma que también vives ahí adentro, como un toque de campana. Cada exhalación es una pulsación liberadora de impurezas y te conecta con el aliento vital de todo lo que existe, como el sonido que se escucha al soplar una concha de caracol.

Su relación con el cuerpo físico

Los órganos y sistemas que dependen del Chakra del Amor para el buen funcionamiento de su salud son: el corazón, los pulmones y bronquios, el timo, la piel, los brazos, las manos, el sistema circulatorio y el sistema inmunológico. En la columna vertebral, el Chakra del Corazón irradia su energía de la primera a la tercera vértebra dorsal.

Las glándulas que lo rigen, como puente de enlace entre el cuerpo sutil y el cuerpo físico, son el timo y el corazón mismo. El timo está localizado en el mediastino, detrás del esternón. Esta glándula aparece en el tercer mes de gestación, con un peso aproximado de 12 gramos y continúa creciendo hasta la pubertad, cuando alcanza a pesar unos 30 gramos. En la edad adulta, vuelve a perder peso hasta llegar, de nuevo, a los 12 gramos de inicio. El timo regula los sistemas linfático, respiratorio, endócrino e inmunológico. Esta glándula tan pequeña es como el capitán del sistema inmunológico, al menos en la infancia y adolescencia. A medida que el ser humano se vuelve adulto, la glándula disminuye gradualmente su función inmunológica y comienza a pasarle la estafeta a la médula ósea. Sin embargo, lo que realmente deteriora su funcionamiento es la acumulación de tristeza, depresión, temor y egoísmo. Cabe hacer notar que su peso en gramos es igual al número de pétalos de la flor de loto que le corresponde al Chakra del Amor. Evidentemente, su rendimiento físico y su salud aumentan con la alegría, la gratitud, la generosidad, el amor y el trabajo espiritual, lo que lo convierte en un fuerte aliado del sistema inmunológico, a través de su energía sutil.

La otra glándula que rige al Chakra del Amor es el corazón mismo, descubierto hace poco como parte del sistema endócrino. El corazón, además de ser una bomba, secreta una hormona peptídica llamada Factor Natriurético Auricular, cuyas funciones homeostáticas se encargan de regular la presión, el balance de agua, los niveles de electrolitos, sodio y potasio, así como el volumen sanguíneo.

La acción de este centro de energía triangula el trabajo que realizan conjuntamente la glándula pineal (de la que hablaremos en el capítulo correspondiente al Chakra de la Conexión) y el hígado (que está ligado al plexo solar y al Chakra del Ombligo). Cabe mencionar que en Mesoamérica los ancestros afirmaban que el alma, o tonal, tiene tres sedes: el cerebro, el corazón y el hígado, órganos que trabajan en conjunto, no sólo para el equilibrio de la salud orgánica, sino para integrar la fuerza anímica inherente a todo ser humano.

Este chakra se conecta con la realidad mediante las manos, de modo que el sentido que le permite relacionarse instintivamente con el mundo y llevar la información al alma es el tacto. Las manos están conectadas directamente con el corazón. De ahí que las caricias y los abrazos sean tan importantes para la vida. Además de hacerte sentir feliz, abrazar a los demás aumenta la capacidad energética del timo y cura alergias, problemas en la piel y enfermedades crónicas de las vías respiratorias. Un bebé que es abrazado y acariciado, además de tener un alto nivel de defensas en su organismo, lo hará crecer confiando en la vida, con una alta capacidad de adaptación y seguridad en sí mismo. ¡Así que abraza mucho y déjate abrazar!

Por otra parte, este chakra manifiesta la acción de su poder a través del corazón. ¡Otra vez el corazón! Y es que su poder de acción se basa justamente en la capacidad de amar.

El sentido físico que le corresponde es el tacto. Por ende, la percepción sutil es el sentir. Entiéndase sentir no como sentimiento, sino como la apertura sensible de dar y recibir amor a través de las manos. No se trata de tocar por tocar, como cuando das palmaditas en la espalda a alguien para que se aleje de ti. Aquí el tema es utilizar tu sentido del tacto para desarrollar el sentido sutil de sentir, o percibir, con tus manos, y a través de la piel, el amor del otro y entregarle lo mejor de ti. Recuerda, las manos son el lenguaje del corazón.

La grasa es la sustancia que funciona como puerta de entrada para que el Chakra del Amor reciba información y, a su vez, pueda irradiar su propia energía. La grasa protege y sujeta el corazón, y da energía y calor a todo el organismo. Evidentemente, estamos hablando de grasas insaturadas, no de las que podrías consumir de más, poniendo en riesgo tu salud con problemas cardiacos, de colesterol, o triglicéridos, y de obesidad; las que se obtienen al consumir almendras, nueces, aguacate y aceites de oliva, uva o coco.

Sus símbolos

Color

El color que corresponde al chakra del amor es el verde, un color secundario obtenido a través de la mezcla de pigmentos amarillos (correspondientes al chakra del plexo solar) y azules (propios del Chakra de la Comunicación). El verde simboliza la esperanza, la libertad, la fluidez, la continuidad, la justicia y el amor infinito. No en vano es el color más frecuente en la naturaleza. Por ello, en las culturas de Mesoamérica utilizar ropaje de tonos verdes era un honor reservado al sacerdocio y a la nobleza.

Figura

Su figura es la estrella de seis puntas, comúnmente conocida como estrella de David. Simboliza la unión de la energía terrestre con la energía celestial. La figura denota que el amor es el puente por el que hay que pasar para llegar a estados de conciencia superior.

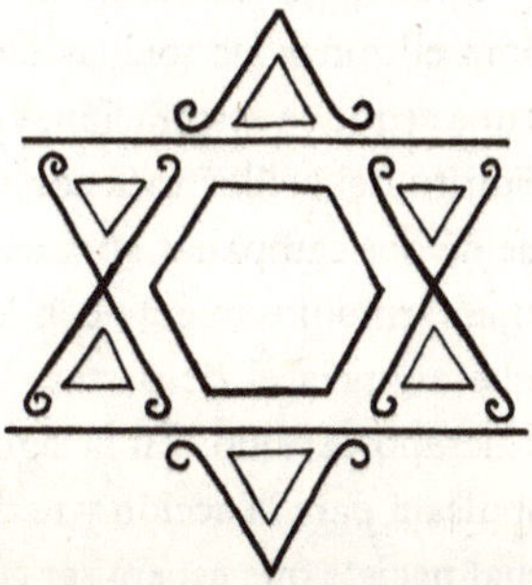

Animal de poder: colibrí

De todas las aves, el colibrí es la especie más pequeña del mundo, tanto que podría caber en el puño de tu mano: lo que mide tu corazón, cuya frecuencia cardiaca puede ser de 120 latidos cuando estás en movimiento, mientras que la del colibrí es de mil 200 latidos por minuto. Por su capacidad de volar en todas direcciones a una velicidad aproximada de 45 kilómetros por hora, te recuerda estar en acción, tomando lo mejor del pasado para ir hacia adelante, con persistencia y tenacidad; defendiendo tus propósitos con fuerza y determinación.

Cuenta la leyenda que la raza mexica caminó por muchos años, desde las tierras del norte, hasta llegar al lago de Texcoco, lugar en donde estableció su imperio. Su guía, tanto en la peregrinación como en la expansión de sus dominios fue el espíritu del colibrí.

Para las culturas ancestrales, el colibrí es portador de tenacidad, voluntad y fuerza para defender su territorio. Mensajero del amor, el cambio, lo inesperado y la transformación; guardián del tiempo.

Permite que el espíritu del colibrí te guíe hacia la conquista de tu propio corazón, que su danza te abra al amor, que su pico sea el arma para librar las batallas del ego y que su vuelo te acompañe en cada acción. Déjate nutrir con el mismo néctar que él toma de las flores para que tu conciencia trascienda, sostenida por la gratitud.

Ahora, te invito a realizar la siguiente práctica: haz una respiración profunda, permite que el *prana*, la energía que llega entrelazada con el aire, entre por tu nariz y expanda tus pulmones; sostén el aire por unos segundos, no exhales inmediatamente. Ahora exhala lentamente, sintiendo cómo eliminas las toxinas emocionales y físicas que no necesitas. Haz una segunda respiración, vuelve a llenar el pecho; imagina que el espíritu del colibrí toca con sus alas el timo y el corazón, como el toque de dos campanas afinadas en una octava superior, que se acompañan armoniosamente con los ritmos del alma. Escucha el llamado que anuncia el despertar. Y despierta. Cuando exhales, elimina el tiempo perdido. En la siguiente inhalación el vuelo del colibrí te impulsará para la acción y te dará velocidad. Hay un propósito para el cual naciste que espera ser cumplido.

En cada paso, el colibrí volará contigo otorgándote alegría, amor y determinación. Sólo con la práctica del amor incondicional encontrarás la magia de estar vivo.

Símbolo de la naturaleza

La flor es uno de los símbolos de la naturaleza más representativos para el Chakra del Amor. A lo largo de la historia, diferentes culturas se han relacionado con las flores como un lenguaje para expresar el amor, la amistad, la paz, la bienaventuranza. En las culturas mesoamericanas también ha sido símbolo de fuerza, valentía y transformación de conciencia; por ello, los guerreros victoriosos en las guerras eran recibidos con collares floridos que llegaban justo a la altura del corazón.

Por otra parte, el número de sus pétalos tiene distintos significados. En este caso, la flor de loto que representa al Chakra del Amor tiene doce pétalos, como los doce gramos que pesa el timo, los doce apóstoles de Jesús, las doce tribus de Israel, los doce dioses griegos principales, las doce veces que la luna gira alrededor de la Tierra, los doce meses del año y las doce horas diurnas y nocturnas en las que se reparte el tiempo.

Sus nutrientes

Los nutrientes que el Chakra del Amor requiere para su salud no están únicamente en la calidad del aire que respiramos, ni en los alimentos que consumimos, sino en los pensamientos que vuelan en la capa atmosférica. La mayor parte de los seres humanos no viven en estado de serenidad, aunque sería lo ideal. No lo vives para ti mismo y mucho menos tienes la responsabilidad de cómo tus pensamientos puedan impactar el entorno que te rodea. Si pudieras pararte en medio de cualquier calle y, sólo por unos instantes, detener tu propia mente, escucharías los monólogos recurrentes de cada persona a tu lado; entonces te darías cuenta de que en cada mente hay alguien que discute, cuestiona y responde a otros que viven ahí dentro, como si se tratara de una vecindad. Todos esos pensamientos no se quedan en ese barrio que se llama cerebro, despiden una energía tóxica invisible, con tonos que viajan por el ambiente queriéndose mezclar con el aire que respiras; es intrusiva y le gusta meterse donde nadie la llama. De esta manera, la contaminación no surge únicamente de los gases de los autos o de las fábricas, sino de las cabezas que funcionan como las chimeneas que emiten gases tóxicos. Los pensamientos y las emociones también pueden producir un alto grado de toxicidad, si no los sabes cuidar. Y aquí viene una de las sugerencias más antiguas en la historia de la humanidad: la práctica de la meditación. La meditación calma la mente y cultiva la alegría. Y la alegría es, sin duda, el estado de conciencia que te lleva a la expansión. Ahora bien, en una visión más cercana a tu realidad cotidiana, la alegría es el nutriente que requieren tus bronquios y tus pulmones para estar sanos, el ingrediente indispensable para que el Capitán General que está en el timo mantenga saludable y vigoroso al ejército que habita en tu sistema inmunológico.

Los nutrientes que el Chakra del Aire requiere son: la risa, el llanto compasivo, la caricia, el abrazo, la aceptación de lo que es y no es, la ayuda desinteresada hacia otros o el trabajo de servicio a los demás, el sentido del humor, la paz mental, el perdón, la gratitud.

Sus cualidades

El cuarto chakra se caracteriza por las distintas manifestaciones del amor: el amor incondicional a la vida, a la verdad, a tus raíces, a todo ser viviente conocido y desconocido. Si eres capaz de vivir en amor, no como un sentimiento que sube y baja como las mareas, sino con el estado de conciencia que sostiene tu vida, tendrás siempre bien fortalecida tu autoestima, tu capacidad de aceptación ante cualquier circunstancia y tu sentido de pertenencia: a tu familia, a tu comunidad, al universo mismo. Por ende, la gratitud estará presente como resultado de mantener nutrido el Chakra del Aire con una actitud continua de satisfacción y admiración por los más mínimos detalles.

Así como el acto de respirar te conecta, a través del aire, con toda la vida que te rodea, así también el equilibrio en el Chakra del Amor te enlaza con tu entorno y te permite discernir lo que te afecta y tomar las decisiones con certeza y claridad. Esta aptitud de discernimiento te permite saber bien cuáles son tus intenciones, cuáles son los pasos para cumplirlas; también te da fuerza y determinación para hacer lo que te toca en pos de tus objetivos. La claridad respecto de la realidad, aunada a la simpatía y la compasión por los demás, te permite aceptar lo que no te gusta del mundo como parte de la vida, mostrar desapego ante lo que pudiste tener y ahora perdiste, sentir esperanza ante los posibles cambios positivos que puedas generar, y también mostrar perdón, respeto, confianza y paciencia hacia quienes te rodean. Pero, como ya vimos, la salud de Chakra del Amor no sólo te ayuda a relacionarte con el mundo exterior; también rige tu conciencia sobre tu mundo interior, que se manifiesta en la honestidad hacia tus propios sentimientos: tanto en la posibilidad de llorar y expresar tu dolor como en la de mostrar alegría, especialmente en su forma más espiritual.

En el camino ascendente al Chakra del Corazón, ya se han superado el trabajo de los primeros chakras: el arraigo, la creatividad y sensualidad, la fuerza del centro y la voluntad. En este punto, el amor puro y la compasión es el vuelo para trascender a estados de conciencia superiores. No importa qué tan inteligente seas ni cuánto hayas estudiado: si no unes las experiencias del amor al conocimiento intelectual, lo que sabes se quedará siempre en el nivel de la mente y no será más que un conjunto de datos acumulados que sólo te servirán para demostrar qué tan culto eres. Pero no habrá trascendencia en tus estados de conciencia. El amor es el flujo más poderoso del universo; por eso a lo largo de la historia hemos tenido maestros que han venido a despertar a la humanidad a través de la apertura del corazón.

Consecuencias de su desequilibrio

El desequilibrio del Chakra del Amor provoca, en primer lugar, una dificultad para dar amor y recibirlo. En general, quien tiene problemas de este tipo no sabe manejar sus emociones: llega a los extremos de reaccionar de manera fría y patológicamente desapegada ante situaciones de gran carga emocional (como si viviera constantemente con el corazón separado de la mente), por un lado; y de tomarse todo personalmente y reaccionar con una sensibilidad extrema a todo lo que ocurre, por el otro. Una manifestación física que delata esto es la incapacidad para respirar profundamente. Asimismo, se trata, como ya habrás entendido, de una falta de habilidad para comunicarse con tu mundo exterior e interior. Quien tiene problemas para manifestar las expresiones sanas del amor, manifiesta, por el contrario, sus formas más teñidas de inseguridad: los celos y las actitudes posesivas y resentidas; la codependencia, que puede envenenar cualquier relación; la timidez extrema, que lleva a no relacionarnos con los demás y a dejarnos en soledad. A esto se unen la culpa, el miedo y las actitudes negativas generales ante lo que nos rodea: el escepticismo ante la posibilidad de cambios, la arrogancia y la presunción (que se relacionan directamente con la falta de compasión hacia los demás), la duplicidad y falta de lealtad y, en general, el egoísmo. La falta de balance en este chakra se puede manifestar en algunos síntomas físicos y enfermedades:

Enfermedades y padecimientos físicos del Chakra del Amor

- Problemas cardiacos
- Padecimientos circulatorios
- Anemia
- Hipertensión e hipotensión
- Enfermedades pulmonares y bronquiales
- Sistema inmunológico bajo: se enferma con cualquier corriente de aire o por estar descalzo en el piso
- Alergias respiratorias
- Padecimientos en la piel: neurodermatitis atópica, psoriasis, alergias

- Asma
- Tumores, fibromas y quistes
- Leucemia
- Lupus
- Enfermedades autoinmunes
- Sida
- Adicción al tabaco

Desequilibrios energéticos y emocionales del Chakra del Amor

- Represión para expresar el amor
- Dificultad para dar y recibir amor
- Tendencia a la melancolía
- Depresión
- Negatividad
- Miedo a la muerte, miedo a la vida
- Soledad
- Egoísmo
- Irresponsabilidad
- Timidez
- Resentimiento
- Escepticismo
- Codependencia
- Llanto excesivo
- Incapacidad para llorar
- Cansancio extremo
- Reacción fría ante eventos emocionales: lo resuelve intelectualmente

> El equilibrio del Chakra del Amor te da la posibilidad de despertar las demás ruedas de energía, como una llave cuyo funcionamiento puede abrir cualquiera de los demás chakras cada vez que se cierren. Recuerda, el amor es la energía más poderosa para regenerar las células de tu organismo, recuperar tu salud y avanzar a niveles de conciencia superior.

EQUILIBRIO PARA EL CHAKRA DEL AMOR, EL PODER DE LA ALEGRÍA

¿Cómo sabes si el Chakra del Amor está fuera de balance? Responde el siguiente cuestionario:

1. ¿Cuál es la herida de infancia que está pendiente por sanar?
2. ¿Cuál es la relación que necesitas sanar para estar en paz?
3. Si en la novela de tu vida el protagonista se gana el cielo por ser quien más sufre, ¿te consideras víctima de las circunstancias?
4. ¿Te da miedo la intimidad?
5. Si no te asusta estar en una relación de pareja, sencillamente no entiendo… ¿por qué sigues solo?
6. ¿Hay alguien en tu vida a quien no hayas perdonado? Si es más de una, realiza una lista de las personas que continúan en lista de espera.
7. ¿Hay alguien a quien no puedes y no quieres perdonar? ¿Por qué?
8. ¿De qué te culpas? ¿Te vas a perdonar o estás comprometido a seguir con el autocastigo?
9. ¿Te enfermas continuamente de las vías respiratorias?
10. ¿Tienes el sistema inmunológico bajo?
11. ¿Tienes problemas de circulación?
12. ¿Eres hipertenso?
13. ¿Tienes problemas cardiacos?
14. ¿Eres friolento?
15. ¿Tienes la creencia de que te puedes enfermar con las corrientes de aire, con los líquidos fríos o por caminar descalzo?

Tu evaluación: si 25% de las respuestas son afirmativas, es importante que empieces a trabajar con tu Chakra del Amor.

Ahora, vamos a la práctica cotidiana.

Tu práctica de meditación

Supongamos, por ejemplo, que anhelas una relación de pareja, pero eres inestable y tus relaciones son pasajeras, o llevas un tiempo considerable en soledad, te sugiero entonces que, además de vocalizar el sonido correspondiente a este chakra, utilices también el sonido del elemento tierra *Lam*, para dar estabilidad y certeza a tus relaciones.

Indicaciones generales

Siéntate cómodamente sobre tu cojín de meditación o en una silla, con la espalda erguida. Coloca las manos sobre las rodillas. Esta posición favorece la concentración y te prepara en caso de que quieras realizar cualquier otro mudra o posición de poder. Haz una respiración profunda. Concéntrate en tu respiración. Puedes iniciar tu práctica con los ojos abiertos, estando consciente de los ruidos y de la atmósfera del lugar donde te encuentras. No mires hacia todos lados y tampoco mantengas la mirada en un punto fijo. Simplemente deja que tu mirada descanse en un lugar, cualquiera que éste sea. Cuando lo sientas, cierra los ojos con suavidad, mientras continúas respirando. Deja pasar todos los pensamientos, no te aferres a ninguno. Llénate de paz mental.

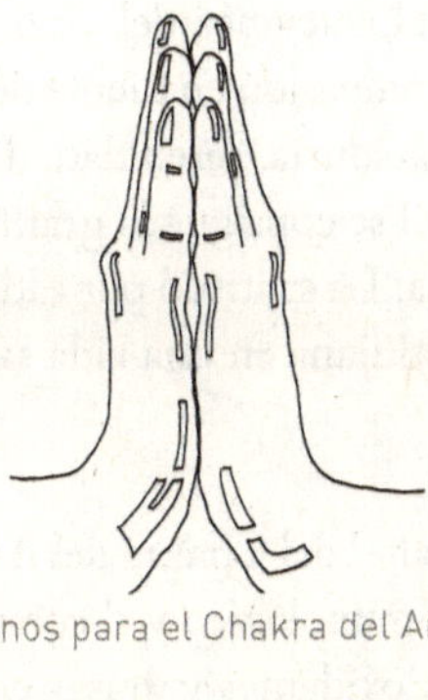

Lenguaje o posición de manos para el Chakra del Amor: Mudra Atmanjali

Con la espalda recta, en una silla o en tu cojín de meditación, junta las palmas de las manos a la altura del pecho, en forma de oración.

Propiedades

Plano físico: fortalecimiento del corazón, pulmones y timo.

Plano emocional: esta posición unifica tu propia dualidad femenina-masculina para activar el amor incondicional, la gratitud y la compasión.

Plano mental: cuando inclinas ligeramente la cabeza, uniendo tu frente con la punta de tus dedos, estás reconociendo al Ser Superior que habita en ti.

Plano espiritual: cuando inclinas la cabeza frente a otra persona, reconoces a la divinidad que vive en el otro, que es igual a la tuya. En Asia se dice *Namasté*. En México, el saludo en lengua maya es *In Lah Kech:* "Tú eres yo, yo soy tú, somos lo mismo".

Ama y agradece.

Mantra o sonido de poder: *Yam*

La repetición adecuada de este mantra ayuda a abrir el corazón, produciendo vibraciones de amor, compasión, paz y devoción. En el cuerpo físico, fortalece la región cardiaca, estimula la circulación y tonifica las vías respiratorias. Asimismo, te otorga alegría y esperanza.

Imagina que en el centro de tu pecho, cerca del corazón, hay un nicho verde. Estás en la morada del alma individual, la morada del *ser*. Siente cómo las palpitaciones del amor más sublime tienen la fuerza de convertir la compasión en fuente de inspiración. El amor es la energía que otorga sabiduría, serenidad, dicha, quietud, confianza y entrega. A partir de él se consigue la gratitud, el acto del alma que sella la energía amorosa. La gratitud por cada acto te dará el atributo de convertir tu vida cotidiana en una vida sagrada.

Tu nutrición

Son benéficos para la salud del Chakra del Amor los nutrimentos que fortalecen el sistema inmunológico y el corazón. Esto significa básicamente alimentos antioxidantes y grasas como las que se obtienen de los llamados pescados azules (sardina, arenque, salmón y otros que ya mencionamos más arriba), así como del cacao, las frutas rojas, semilla de girasol, aguacate, almendra dulce, cacahuate y avellana.

También es recomendable consumir cítricos (limón, lima, naranja y toronja), guayaba, papaya, piña, arándano azul o rojo, frambuesa, fresa, grosella, zarzamora, kiwi, jitomate, melón y uva, así como todas las verduras verdes frescas, y proteínas de buena calidad y orgánicas. Sin olvidar el chocolate amargo y sin azúcar.

Unas palabritas acerca del cacao como alimento y planta medicinal. Las semillas del árbol *Theobroma cacao* (alimento de los dioses) son una de las aportaciones más deliciosas que México y Centroamérica han dado al mundo. Gracias a sus propiedades, ofrece una serie de beneficios a la salud física, emocional y energética de nuestro organismo. Es importante mencionar que el consumo debe ser lo más puro y orgánico posible: polvo de cacao o chocolate amargo con un alto porcentaje de cacao (70-100%). Te sugiero consumirlo puro, con agua; sin leche, ya que los lácteos reducen sus propiedades medicinales; sin embargo, puedes agregar leche de almendras o de coco Dentro de sus componentes se encuentran los siguientes:

Antioxidante: protege contra los radicales libres, previene el cáncer, la diabetes, baja el colesterol malo y eleva el colesterol bueno.

Feniletilamina: neurotransmisor químico que favorece el estado de ánimo y ayuda en casos de depresión.

Flavonoides: componentes químicos que pertenecen a la familia de las anfetaminas; previenen las enfermedades cardiacas y la hipertensión, además de favorecer la memoria y la concentración.

Teobromina: alcaloide no adictivo que estimula el sistema nervioso central y el ritmo cardiaco; ayuda a despertar; favorece la concentración y la eliminación de la orina.

Minerales: magnesio, manganeso, potasio y zinc. Previene la osteoporosis y favorece la musculatura.

Vitaminas del grupo B: favorecen la piel y el cabello.

Tus cuidados en ayunas

1º. En ayunas: bebe una taza de agua tibia con el jugo de un limón para alcalinizar tu organismo. Si tienes problemas intestinales puedes agregar una cucharada sopera de aceite de oliva, aceite de semilla de uva o aceite de coco.

2º. Prepara un té compuesto por la siguiente combinación de plantas medicinales, elige por lo menos tres de ellas: bardana, cacao, equinácea, gordolobo, hamamelis, lavanda, magnolia, manita, melisa, flor de naranjo, raíz de orozuz, pasiflora, siempreviva, tejocote, pétalos de rosa, té verde, tila, toronjil, valeriana, yerba de San Juan o hipérico o yoloxóchitl.

3º. Toma un licuado hecho a base de frutos rojos con un poco de cacao en polvo.

Tus plantas medicinales

Las plantas de la herbolaria tradicional recomendadas para recuperar el equilibrio del Chakra del Amor incluyen la bardana, cacao, equinácea, tejocote, raíz de orozuz y té verde. Y por su puesto aquí van algunas flores medicinales cuyas propiedades tonifican y fortalecen la salud del corazón, el sistema circulatorio y el sistema inmunológico: el hamamelis, lavanda, magnolia, manita, flor de naranjo, siempreviva, gordolobo, hipérico o yerba de San Juan, tila, pétalos de rosa, melisa o toronjil, pasiflora, valeriana y yoloxóchitl.

Tus ejercicios

Por supuesto, se recomiendan los ejercicios que contribuyen al fortalecimiento del corazón, como todos los que incluyen actividad aeróbica y la natación; sobre todo, es pertinente practicar ejercicios que te permitan conectarte a la naturaleza, como correr o caminar en entornos verdes. También son benéficos para este chakra ejercicios sagrados como yoga, tai chi y chi kun.

Tus cuarzos

Entre los cuarzos y piedras de poder que nutren y contribuyen al equilibrio de la energía del aire de este chakra destacan el jade, cuarzo rosa, diamante, rubí, esmeralda, granate, pirita, piedra de sangre y turmalina. Puedes utilizar alguno de ellos, colgado a la altura del pecho o tenerlo en la mano cuando realices tu práctica de meditación.

Tu aromaterapia

Algunas esencias de aromaterapia que pueden utilizarse para propiciar el equilibrio son la rosa, almizcle, gardenia o lavanda. Coloca un poco de la esencia en la palma de tus manos, en el área del ombligo y en el centro de tu pecho con suaves movimientos en círculo.

Tu música

La tonalidad musical correspondiente al cuarto chakra es *Fa*. Lo estimula la música sostenida por todos los instrumentos de una orquesta, ya que está destinada a abrir el corazón, aunque el violín y el chelo (en general: las cuerdas) y el piano funcionan particularmente bien para estimular la acción del amor, así como la voz humana.

Para quienes aprecian la música clásica, aquí van algunas recomendaciones:

- Johann Sebastian Bach, *Air; Suite para orquesta No. 3, en Re mayor, BWV 1068*; conciertos para violín.
- Ludwig van Beethoven, sonata *Claro de Luna* y *Para Elisa*.
- Franz Liszt, *Sueño de amor*.
- W. A. Mozart, *Sinfonía No. 40 en G menor, KV 550*.
- Serguéi Rajmáninov, conciertos para piano y *Rapsodia sobre un tema de Paganini*.
- Jean Sibelius, *Karelia*.
- Manuel María Ponce, *Intermezzo*.
- Richard Strauss, sexteto de la ópera *Capricho*.
- Piotr I. Tchaikovsky, conciertos para violín y piano.
- Richard Wagner, *Idilio de Sigfrido*.

Tus acciones

1º. Ríete: practica el sentido del humor.

2º. Abraza a las personas. Evidentemente, no vas a andar por la calle abrazando a cuanto desconocido se deje rodear por tus brazos, pero puedes, al menos, darle un abrazo a una persona.

3º. Acaricia: a ti mismo y/o a alguien más. Aprende a sentir con la palma de tus manos la energía del otro y a comunicar a través de tus caricias.

4º. Expresa tus emociones con autenticidad: llora o ríe.

5º. Observa si hay alguien en tu vida o alguna circunstancia que aún rechazas, con la que no estás de acuerdo o que quisieras que fuera de otra manera. Practica la aceptación de eso, como es y como no es.

6º. Ofrece una parte de tu tiempo a un trabajo desinteresado, por el cual no recibas remuneración económica.

7º. Haz una lista de las personas con quienes aún tienes resentimiento. Elije una de ellas, practica el perdón. En esta misma línea, mira qué asunto te recrimina o de cuál te sientes culpable. Si tienes varios asuntos, elige uno de ellos y perdónate de una vez.

8º. Dibuja o pinta: el símbolo hindú del Chakra *Anahata*, una flor de loto de doce pétalos, tus manos, una estrella de seis puntas, un bosque, colibrí, su animal de poder.

9º. Medita sobre la compasión.

10º. Utiliza un lienzo verde sobre el pecho o vístete de verde, honrando el estado de amor, abundancia y prosperidad.

Tu actitud básica para fomentar el estado de conciencia

1º. Vive con una conciencia basada en el amor incondicional.

2º. Vive con una conciencia basada en la compasión.

3º. Momento a momento, genera una actitud de amor, comprensión, solidaridad, entendimiento, generosidad y confianza.

4º. Momento a momento, siembra alegría.

5º. Contempla la naturaleza y da las gracias.

Tus frases de poder

Elijo el camino del amor.

Las pulsaciones del amor sostienen mi vida.

Merezco lo mejor de la vida, lo mejor de la vida es ser feliz.

Elijo hacer lo que me gusta porque es bueno para mi salud.

Resumen del Chakra del Amor	
Localización:	Pecho
Órganos y funciones que gobierna:	Corazón, pulmones, bronquios, piel, manos; sistema circulatorio, sistema inmunológico
Vertebras:	De la primera a la tercera dorsal
Glándulas que lo rige:	Timo y corazón
Órgano para adquirir conocimiento:	Manos
Sentido de percepción ordinaria:	Tocar
Sentido de percepción sutil:	Sentir
Órgano de trabajo:	Manos
Poder para la acción:	Amar
Puerta de entrada:	Grasa
Elemento:	Aire
Color:	Verde
Símbolo de la naturaleza:	Flor
Figura:	Estrella de seis puntas
Animal de poder:	Colibrí
Aspecto de la conciencia:	Amor incondicional, compasión, alegría, determinación
Cuarzos y piedras de poder:	Jade, cuarzo rosa, diamante, rubí, esmeralda, granate, pirita, piedra de sangre y turmalina
Aromaterapia:	rosa, almizcle, gardenia, lavanda

Alimentación:	Flores comestibles, cítricos, hortalizas, pescados azules
Plantas medicinales:	Té verde, bardana, cacao, equinácea, tejocote, raíz de orozuz, hamamelis, lavanda, magnolia, manita, flor de naranjo, siempreviva, gordolobo, hipérico o yerba de San Juan, tila, pétalos de rosa, melisa o toronjil, pasiflora, valeriana, yoloxóchitl
Tono musical:	*Fa*
Instrumentos:	Violín, chelo (instrumentos de cuerda), piano y voz humana
Ejercicio:	Aeróbicos, en contacto con la naturaleza o áreas verdes: caminar, correr; yoga, tai chi y chi kun
Mudra para la meditación:	Atmanjali
Mantra o sonido de poder:	*Yam*
Tus acciones:	Ríete, practica el sentido del humor. Abraza a las personas. Acaricia: a ti mismo y/o a alguien más. Expresa tus emociones con autenticidad: llora o ríe. Observa si hay alguien en tu vida o alguna circunstancia que aún rechazas. Practica la aceptación de eso, como es y como no es. Realiza un trabajo desinteresado. Libera el resentimiento. Practica el perdón. Libera la culpa. Dibuja o pinta: el símbolo hindú del Chakra Anahata, una flor de loto de doce pétalos, tus manos, una estrella de seis puntas, un bosque, un colibrí. Medita sobre la compasión. Utiliza un lienzo verde sobre el pecho o vístete de verde

Tu Actitud básica para fomentar el estado de conciencia:	Vive con una conciencia basada en el amor incondicional, compasión, comprensión, solidaridad, entendimiento, generosidad y confianza. Siembra alegría. Contempla la naturaleza y da las gracias
Tus frases de poder:	Elijo el camino del amor. Las pulsaciones del amor sostienen mi vida. Merezco lo mejor de la vida, lo mejor de la vida es ser feliz. Elijo hacer lo que me gusta porque es bueno para mi salud
Chakras paralelos:	Chakra de la Creatividad y Chakra de la Conexión

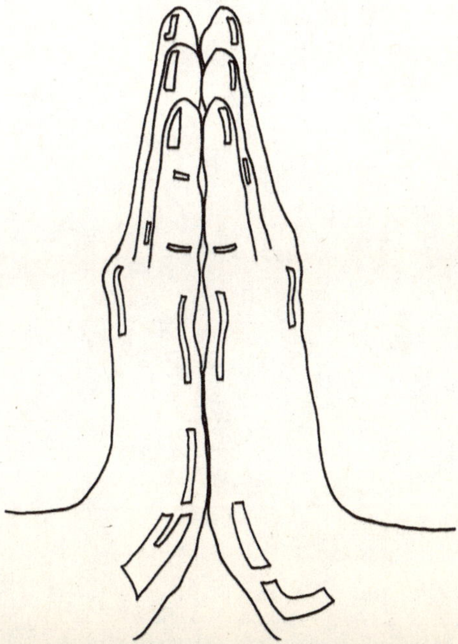

CAPÍTULO VII

CHAKRA DE LA COMUNICACIÓN, EL PODER DEL SONIDO

Imagina un círculo azul localizado justo en el centro de tu garganta: estás en el Chakra de la Comunicación. Su nombre en sánscrito es *Vishuda,* que significa "puro". La pureza relacionada con este centro de energía es la que surge una vez que has visto al ser interior que habita en tu corazón. Está asociado al éter, el campo de las vibraciones sutiles.

El Chakra de la Comunicación es el centro energético del sonido y la vibración. Te otorga autoexpresión, capacidad para escuchar y comunicarte, por lo que abarca las artes que tienen que ver con el sonido y la palabra: la música (en particular el canto) y la literatura (en especial su vertiente oratoria y dramática). De todos los instrumentos, el más poderoso es el de la voz, de ahí que el canto pueda escucharse por encima de los instrumentos de una orquesta. Por otra parte, este centro de energía puede transmitir comunicación extrasensorial, ya que en el cuerpo de un ser humano la palabra es la vibración que pone en acción el poder del sonido.

Sin embargo, cuando las personas no pueden hablar por algún problema congénito como el autismo, la comunicación se expresa de otras maneras, que en algunas ocasiones es difícil detectar o traducir. Se requiere un estado de entrega absoluto en el que estar presente para el otro se manifieste de manera continua. Y es aquí donde la capacidad de escuchar se vuelve poderosa, porque si el otro no habla, ¿qué escuchamos?

El oído tiene la capacidad de escuchar lo que se dice y lo que se calla. Anatómicamente, en el oído interno se encuentra el órgano de la audición que conocemos como Órgano de Corti o caracol, en forma de espiral: el símbolo que representa el movimiento energético del universo. Gracias al caracol que transmite las vibraciones del sonido hacia tu cerebro, tienes la capacidad de escuchar no sólo los que provienen del mundo que te rodea, sino los que surgen de otros niveles de conciencia.

El elemento que le corresponde es el éter. Su nombre proviene de la palabra griega *aithér*, que significa "la parte más alta del firmamento". Desde los filósofos presocráticos, el éter ha sido considerado el quinto elemento de la naturaleza, el complemento de los cuatro tradicionales: tierra, agua, fuego y aire. En la India se dice que es ocho veces más sutil que los otros cuatro elementos y se conoce con el nombre de *Akasha*. En ciertas tradiciones, el éter es la energía unificadora inherente a la vida. Para la cosmología moderna, es la energía del vacío.

El Chakra de la Comunicación es el lugar del renacimiento espiritual, la fuerza de la creación que se vuelve tangible cuando la comunicas con la energía pura del amor y la escuchas desde el corazón. En este punto, tu capacidad de comunicar y escuchar adquiere niveles superiores, porque eres el ser sabio y amoroso que establece contacto desde el mundo interno hacia el mundo externo. Una oración de alta vibración puede provocar un cambio en ciertos acontecimientos. Lo que parece un milagro no es más que la vibración de las muchas voces sincronizadas con el universo apuntando en una sola dirección, con la misma intención. Si crees que el universo no responde, quizá seas tú quien no lo escucha.

Imagina que desde tu garganta sale un canto sagrado que siembra el campo de las vibraciones más sutiles para que tengas la experiencia de saber que los mundos internos son tan reales como los externos, y que existes simultáneamente en el mundo sutil y en el físico. Date cuenta de cómo el canto sagrado te da la capacidad de moverte entre ambas realidades: el mágico del interior y el externo de la realidad concreta. Porque cuando le cantas a Dios, cantas también a los seres mágicos que habitan en la naturaleza y a la esencia pura del éter que flota en el aire. Lo que sigue, una vez que lanzas tu canto, es detenerte para escuchar: la magia de la comunicación sólo ocurre cuando escuchas.

Su relación con el cuerpo físico

Los órganos y sistemas de cuya buena salud depende del equilibrio del Chakra de la Comunicación son el rostro, la piel y el sistema linfático; el oído interno y el externo; la garganta, la tráquea, los bronquios y la parte superior de los pulmones; el canal alimenticio (desde la mandíbula y la lengua hasta el esófago), y las glándulas tiroides y paratiroides. En la columna vertebral, el Chakra de la Comunicación irradia su energía de la tercera a la séptima vértebra cervical.

La glándula que rige al Chakra de la Comunicación y le sirve como enlace con el cuerpo físico es la tiroides, que se localiza sobre la tráquea, debajo de la manzana de Adán. Está encargada de regular el crecimiento y el metabolismo. Es productora de proteínas y regula los procesos de oxidación, los niveles de calcio en el organismo y la transformación de la comida en energía. En el adulto pesa entre 15 y 30 gramos. Su funcionamiento está controlado por el hipotálamo y la hipófisis.

El órgano a través del cual el Chakra de la Comunicación se conecta con la realidad es el oído, a través del martillo, el yunque y el estribo, por lo que justamente es ése el sentido que le permite relacionarse instintivamente con el mundo y llevar información al alma; de ahí que el poder de este centro de energía sea el sonido, cuya percepción sutil está en la capacidad de escuchar.

Los órganos a través de los cuales manifiesta la acción de su poder son el oído y la garganta, pues su poder de acción se basa en la capacidad de comunicar y escuchar.

Finalmente, los huesos son la puerta por donde el Chakra de la Comunicación recibe energía, de ahí que la tiroides regule los niveles de calcio en el sistema óseo.

Sus símbolos

Color

Al quinto chakra le corresponde el azul, color opuesto al naranja del Chakra de la Creatividad. El azul simboliza la pureza, la inteligencia y el conocimiento filosófico. Para los ancestros, está asociado con el mundo espiritual y lo sagrado.

Figura

Su figura es la espiral, que representa el movimiento de la energía ascendente o descendente, y también el ciclo formado por el nacimiento, la muerte y el renacer. También está asociada al poder de la escucha y la palabra, como las volutas que se pintaban en los códices prehispánicos para denotar comunicación. La flor de loto que lo representa tiene dieciséis pétalos: los cuatro tonos por cada uno de los cuatro chakras ascendentes.

Animal de poder: delfín

Su animal de poder es el delfín, mamífero acuático, con respiración pulmonar, que actúa como guardián planetario; es portador de la energía relacionada con la comunicación y la percepción extrasensorial; la trascendencia, la protección, la compasión, la profundidad y la memoria ancestral. Otorga el poder para manifestar la imaginación creativa al plano de la realidad.

Este guardián planetario tiene algunas semejanzas con el hombre: su cerebro es muy parecido al del ser humano; hace el amor por amor, no sólo para procrearse; y cuando un delfín nace, los demás de la manada le dan la bienvenida, reconociéndolo como uno más del grupo, a través de las caricias.

Su sistema de comunicación es muy sofisticado, ya que utilizan una amplia gama de sonidos, desde los que escuchamos, llamando poderosamente la atención incluso de niños autistas, hasta la técnica de ecolocalización: sistema de señales sonoras, de alta y baja frecuencia en forma de ráfagas, a través de las cuales se comunican entre sí, encuentran su alimentación y localizan objetos. El delfín emite el sonido que surge como un clic y espera la respuesta del eco que recibe en el hueso mandibular y del oído medio. El tiempo que pasa entre dos clics es la distancia que hay entre el delfín y su objetivo. Esta capacidad les permite determinar distancia, rumbo, tamaño, forma, textura y densidad. Las señales sonoras varían de 40 a 70 microsegundos, con un volumen de 220 decibeles, inaudibles para el ser humano. Algunos investigadores aseguran que los delfines tienen todo un lenguaje propio y hay quienes opinan que su comunicación es extrasensorial.

Los delfines son conscientes de sí mismos y del entorno, lo que los hace vulnerables al sufrimiento. Por sus capacidades autocurativas, se les ha utilizado en terapias terapéuticas, manteniéndolos en cautiverio para realizar un "trabajo" de curación para las personas que asisten a dichos negocios. Los propietarios de estas "clínicas-prisión" aseguran que los cetáceos se dejan cautivar voluntariamente, conscientes de la buena labor que van a realizar con seres humanos enfermos o necesitados. Sin embargo, se ha demostrado que este encierro forzoso les provoca un alto nivel de estrés, que pone en riesgo tanto su salud como su calidad de vida, reduciéndoles la vitalidad.

Símbolo de la naturaleza

La concha de caracol es uno de los símbolos representativos del quinto chakra, por dos razones: en primer lugar, su estructura interna tiene la figura de una espiral; en segundo, culturalmente se ha utilizado como instrumento musical de viento.

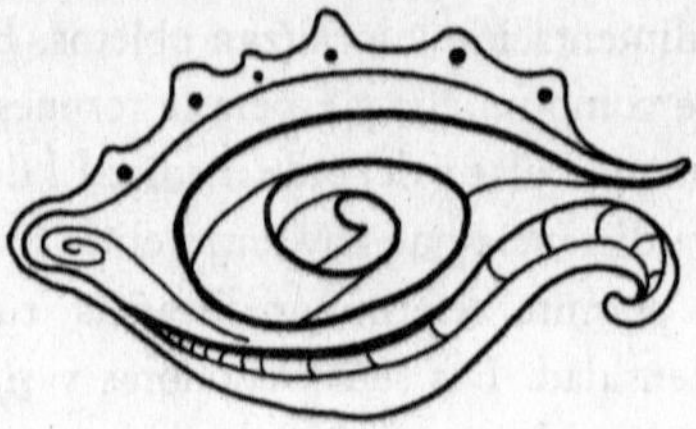

Sus nutrientes

Los nutrientes que este centro azulado requiere para su nutrición no sólo se encuentran en las frutas y verduras que lo fortalecen, sino en la calidad de lo que se escucha y lo que se comunica. Observa cómo en las religiones y tradiciones del mundo, a través de la historia, se ha utilizado el poder de la música y el canto para llegar a niveles de conciencia superior, desde los coros y cantos gregorianos hasta los mantras. Después, callar la mente para entrar en comunión con lo más esencial: tu alma en el silencio.

Sus cualidades

La energía del éter canalizada a través de la sede del renacimiento espiritual nos brinda la capacidad para ver no sólo el presente, sino mirar con claridad lo pasado y lo futuro. Esto nos permite mostrarnos más optimistas respecto de lo que va a suceder y mostrar perseverancia en nuestras metas. Inevitablemente, dicho equilibrio nos lleva a ser fieles con lo que queremos, de tal manera que nos permite expresarle al mundo la verdad de quiénes somos en realidad, sin esconder nuestros atributos reales. Por consecuencia, nuestra vida estará sostenida por la libertad y, muy probablemente, seremos más longevos.

El equilibrio en el Chakra de la Comunicación también implica volver tangible la fuerza de la creación, es decir, poderla llevar de la inspiración a la manifestación concreta de la realidad. La comunicación clara con el entorno y el prójimo se ve reflejada en actitudes de sensatez, humildad, generosidad y ternura, y por expresiones generales de simpatía hacia los problemas y necesidades de los demás, además del comportamiento honesto y leal de quien comprende a su vecino.

En este chakra también es posible, a través del ejercicio de los poderes vocales divinos, alcanzar un estado de paz mental ininterrumpida; esto se ve reflejado por un interés creciente por el conocimiento espiritual. El dominio del centro de energía sobre la expresión oral propicia la elocuencia, capacidad pedagógica y, en general, la expresión creativa.

Consecuencias de su desequilibrio

Una persona con el Chakra de la Comunicación desequilibrado tiene problemas para concentrarse en el conocimiento interno pacífico, por lo que mostrará falta de discernimiento, pensamientos obsesivos que no dejan realizar las actividades diarias y dudas e indecisiones constantes sobre el camino que está siguiendo. Esto, en realidad, es un problema de comunicación, pero no hacia afuera sino hacia adentro, una falta de comunicación con el ser interior que te lleva a comportarte de manera contradictoria y poco coherente contigo mismo, así como a sentir una escisión entre lo que piensas y lo que sientes. Esto mismo también se presenta en forma inversa, es decir, del interior al exterior, cuando comunicamos de manera agresiva y sólo escuchamos al otro a través de un filtro cargado de críticas y juicios, que acaban por llevar la relación a la ruptura y al aislamiento. Otra consecuencia es la represión de las formas creativas de expresión, es decir, cuando no comunicas nada, ni utilizas algún camino que abra tu capacidad creativa.

Nuestra época se caracteriza por una verdadera explosión en los medios masivos de comunicación: el radio, la televisión e Internet, los cuales han logrado englobar la información del mundo. En este frenesí de comunicación virtual, el abuso nos ha vuelto un poco autistas: somos seres encerrados en nuestro propio mundo, sentados por horas frente a una pantalla, sin que ello implique estar en contacto con el exterior. Olvidamos que la red que verdaderamente nos da la capacidad de estar conectados con la vida, como si formáramos parte de los hilos de una telaraña, es el tejido del telar energético al que pertenecemos. En el relato de la creación del universo que aparece en el Génesis, se repite una y otra vez: "Dios *dijo* 'Hágase la luz', y la luz se hizo. Dios *dijo* 'Háganse la tierra, las plantas y los animales', y ellos se hicieron". Si bien es cierto que la creación de Dios surge en el pensamiento, el poder que le da concreción en el mundo tangible es el poder de la palabra: lo que Dios dijo se manifestó, y lo que se manifestó salió de la garganta. La palabra es el poder de la creación, que hace que los pensamientos y las ideas se manifiesten como hechos reales.

Cuando piensas que no hay necesidad de decirle a tu pareja que debería hacer tal o cual cosa, porque simplemente debería saberlo, estás equivocado. Cuando piensas que no hay necesidad de decirle a alguien cuánto lo amas, porque tus acciones lo demuestran con toda evidencia, estás equivocado. Cuando no estás de acuerdo con alguien y no lo dices, suponiendo que, con tu silencio, el otro va a adivinar lo que ocurre y las cosas mejorarán automáticamente, estás equivocado. Hay quienes nunca hablan; su silencio, que no es el de la mente tranquila, enferma las relaciones, porque el ruido interno se atropella con la enorme cantidad de emociones que se quedan guardadas como en un nido de serpientes.

Pero también hay quienes hablan sin parar, como si el primer aliento de la primera palabra fuera eterno, y sueltan una infinidad de palabras más, y sólo paran cuando toman nuevo aire para despedirse. Estas personas desconocen la pregunta: "Y tú, ¿cómo estás?"; no hablan para comunicarse, pues comunicar es también escuchar.

Utiliza el poder inherente de la palabra y comunícate. Utiliza el poder inherente del oído y escucha. Entre la comunicación y la escucha encontrarás los espacios de silencio en los que habita una parte de ti, como monje meditativo que sabe expresar la sabiduría que sale de su boca, con la paciencia de esperar lo que se asienta en la escucha, y vuelve a esperar el momento propicio para volver a comunicarse.

Cuando dos seres están destinados a encontrarse, la energía encuentra el punto de conexión entre quien emite las señales y quien las recibe. Algunos vínculos no pueden romperse, definen quiénes somos y en lo que nos podemos convertir. A través del tiempo y el espacio, a través de senderos impredecibles, el poder del sonido encuentra la manera de llegar a lo que le está destinado. Imagina: en el centro de tu garganta hay una fuente de agua milagrosa, la palabra llega a alimentarse de sus aguas, como el pájaro cantor que, una vez nutrido, convierte los sonidos en lenguaje: el canto del que hablaban los ancestros. De tal manera, el oído espera cada sonido dentro de la vibración de lo dicho y no dicho para ser escuchada con la cadencia de la poesía.

La falta de balance en el Chakra de la Comunicación se puede manifestar en síntomas físicos y enfermedades como los que se enumeran a continuación:

Enfermedades y padecimientos físicos del Chakra de la Comunicación

- Anemia
- Asma
- Anorexia
- Enfermedades de las vías respiratorias
- Gripes crónicas
- Otitis
- Pérdida de oído paulatina hasta la sordera
- Laringitis

- Dermatitis
- Hipertensión arterial
- Insomnio
- Hipertiroidismo o hipotiroidismo
- Nódulos en cuerdas vocales
- Descenso en las defensas del sistema inmunológico
- Fricción de dientes
- Tartamudeo
- Tensión nerviosa en mandíbula, cuello y hombros
- Tumor en la tiroides
- Fumar

Desequilibrios energéticos y emocionales del Chakra de la Comunicación

- Falta de discernimiento
- Pensamiento obsesivo
- Pensamiento negativo
- Indecisión
- Desconfianza
- Ser contradictorio
- División mente / cuerpo
- Falta de comunicación con uno mismo y con los demás
- Aislamiento
- Comunicación agresiva
- Hablar demasiado o no comunicar nada
- Críticas
- Juicios
- Mitomanía
- Inconstancia
- Narcisismo
- Intolerancia
- Falta de empatía
- Falta del sentido del humor
- Incapacidad para escuchar a los demás
- Comer compulsivamente

> La apertura del Chakra de la Comunicación te otorga la capacidad de escuchar y comunicar con generosidad, amor y compasión. Interés por las artes, el conocimiento elevado o místico y capacidad de percepción.

Equilibrio para el Chakra de la Comunicación, el poder del sonido

¿Cómo sabes si tu Chakra de la Comunicación está fuera de balance? Responde el siguiente cuestionario:

1. ¿Eres de las personas que se enferma continuamente de la garganta?
2. ¿Se te inflaman los oídos con frecuencia o sólo cuando te enfermas?
3. ¿Estás perdiendo la audición?
4. ¿Tienes problemas con la tiroides?
5. ¿Eres de esas personas que piensa varias veces lo que tiene que decir porque le cuesta trabajo comunicar lo que sea?
6. ¿Tienes la creencia de que los demás tienen la obligación de interpretar tu silencio?
7. ¿Te da miedo hablar en público?
8. ¿Eres libre y auténtico en tu autoexpresión?
9. Aquí entre nos: ¿piensas en otra cosa mientras tu interlocutor mueve la boca y emite sonidos, en lugar de escucharlo realmente?
10. ¿Tienes la costumbre de dejarle de hablar a quien se atreva a hacerte algo que vaya en contra de tus expectativas y le retiras no sólo tu comunicación, sino tu afecto, como los niños que guardan sus canicas del juego cuando se enojan y castigan con su silencio?
11. ¿Te quejas de que nadie te escucha y nadie te entiende?
12. ¿Eres de esas personas tan comunicativas que habla sin pausas, como si desconociera el punto y la coma y en

realidad no le interesa en absoluto lo que el otro tenga que decir porque el único que tiene algo importante que comunicar eres tú?

13. ¿Comunicas lo que piensas, piensas lo que comunicas o dices algo que no tiene nada que ver con lo que estás pensando?
14. ¿Te confundes con facilidad?
15. ¿Te resistes ante los cambios o te da miedo hacer planes?

Tu evaluación: si tienes 25% de las respuestas afirmativas, es importante que empieces a trabajar con tu Chakra de la Comunicación.

Ahora, vamos a la práctica cotidiana.

Tu práctica de meditación

El sonido de este chakra es *Ham*. Supongamos, por ejemplo, que no te atreves a comunicar lo que sientes por miedo a que el otro se enoje contigo, te sugiero entonces que, además de vocalizar *Ham* en tu meditación, incluyas el sonido del elemento fuego *Ram,* para dar valentía a tu comunicación.

Indicaciones generales

Siéntate cómodamente sobre tu cojín de meditación o en una silla, con la espalda erguida. Coloca las manos sobre las rodillas. Esta posición favorece la concentración y te prepara en caso de que quieras realizar cualquier otro mudra o posición de poder. Haz una respiración profunda. Concéntrate en tu respiración. Puedes iniciar tu práctica con los ojos abiertos, estando consciente de los ruidos y la atmósfera del lugar donde te encuentras. No mires hacia todos lados y tampoco mantengas la mirada en un punto fijo. Simplemente deja que tu mirada descanse en un lugar, cualquiera que éste sea. Cuando lo sientas, cierra los ojos con suavidad, mientras continúas respirando. Deja pasar todos los pensamientos, no te aferres a ninguno. Llénate de paz mental.

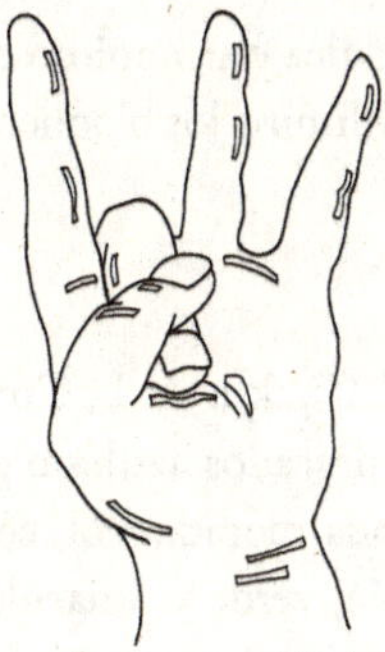

Mudra o posición de poder para las manos: Mudra Shunya

Dobla el dedo medio y sujétalo suavemente con el dedo pulgar. Los dedos restantes permanecen extendidos. Realiza el mudra con ambas manos sobre las rodillas, sentado en una silla, en posición de loto o del sastre.

Propiedades

Plano físico: fortalecimiento de la garganta, la tiroides y paratiroides.

Plano emocional: este mantra es muy poderoso para ponerte en contacto con tu voz interior y para que escuches las respuestas desde tu propia sabiduría de concentración, planeación y estrategia.

Plano espiritual: te permite encontrar tu propósito y misión en la vida.

Comunica, escucha tu voz interior, escucha al mundo, escucha la vida.

Y ahora, concentra tu atención en la garganta, el asiento del Chakra de la Comunicación mientras visualizas un círculo azul que empieza a girar con suavidad. A continuación, emite el sonido de poder del Chakra de la Comunicación *Ham*.

Mantra o sonido de poder: *Ham*

Emite el sonido desde la garganta, poniendo al final la lengua en el paladar. La repetición del mantra hace que el cerebro vibre de tal manera que active el fluido de la espina dorsal hacia la garganta, produciendo un sonido dulce y armonioso en la voz. Otorga creatividad y autorrealización. Elimina los bloqueos energéticos en garganta y tiroides.

Tu nutrición

Los nutrimentos que el Chakra de la Comunicación necesita para su salud se obtienen de pescados azules o grasos, así como de vegetales como el apio, cebolla morada, col, col de Bruselas, berenjena, espárrago, pimientos rojo, verde y amarillo, pepino, perejil, papa y rábano. También lo favorece el consumo de frutas rojas, cítricos (limón, naranja, toronja), guayaba y kiwi; así como almendras, piñones y pistaches.

Tus cuidados en ayunas

1º. En ayunas: bebe una taza de agua tibia con el jugo de un limón para alcalinizar tu organismo. Si tienes problemas intestinales puedes agregar una cucharada sopera de aceite de oliva, aceite de semilla de uva o aceite de coco.

2º. Prepara un té compuesto por la siguiente combinación de plantas medicinales, elige por lo menos tres de ellas: buganvilia, cebolla morada, eucalipto, lavanda, limón, mercadela, orozuz o tomillo.

3º. Toma un licuado hecho a base de: guayaba, naranja y jengibre; o bien, apio, pepino, perejil, jengibre y limón.

Tus plantas medicinales

El cuidado del Chakra de la Comunicación se ve favorecido con el uso medicinal de plantas como la buganvilia, cebolla morada, eucalipto, lavanda, limón, mercadela, orozuz y tomillo.

Tus ejercicios

Es recomendable realizar ejercicios aeróbicos, yoga y las artes marciales como chi kung, tai chi o kung fu. Aunque el canto no se considera estrictamente un ejercicio físico, sí se recomienda como ejercicio de curación para la tiroides.

Tus cuarzos

Los principales cuarzos y piedras de poder que contribuyen al equilibrio de la energía del éter son la aguamarina, amazonita, diamante, lapislázuli, topacio, turquesa, turmalina y zafiro. Puedes utilizar alguno de ellos colgado debajo de la garganta o tenerlos en la mano cuando realices tu práctica de meditación.

Tu aromaterapia

Se recomienda para el mantenimiento de su equilibrio emplear en aromaterapia esencias de eucalipto, lavanda, limón, melisa o tomillo. Puedes ponerlas directamente en tu garganta o en tu ombligo, por las noches y por la mañana, después de tu baño.

Tu música

La tonalidad que le corresponde al quinto chakra es *Sol.* Como es de esperarse dados los órganos que rige, su música está sostenida principalmente por la voz, aunque también por instrumentos de aliento como la flauta. Se sugiere la música cuya melodía estimule la inspiración creativa, de preferencia llevada por la voz, sola o en coros.

Para quienes aprecian la música clásica, aquí van algunas recomendaciones:

- Cantos gregorianos del coro de monjes del monasterio benedictino de Silos.
- Deva Premal, *Cantos sagrados de la India.*
- Franz Lehár, *La viuda alegre.*
- Johan Pachabel, *Magnificant.*
- Johann Sebastian Bach, cantatas profanas.
- Igor Stravinsky, *Pastoral.*
- Antonio Vivaldi, *Gloria en D mayor, RV 589; Magnificant, RV611: 1*; el adagio de *Nulla in Mundo Pax Sincera, RV 630.*

Tus acciones

1º. Canta. No importa si lo haces bien o lo haces mal.

2º. Comunica. No retengas ninguna comunicación, por simple o dolorosa que te parezca.

3º. Escucha. Practica el arte de escuchar sin interrumpir a quien está hablando.

4º. Adquiere el hábito de la lectura. Practica leer en voz alta, de vez en cuando. Si tienes hijos pequeños, lee un cuento para ellos antes de dormir.

5º. Escribe un diario.

6º. Ríe. Si tienes sentido del humor, aprovéchalo. Si no, ríete de los chistes de los demás.

7º. Dibuja o pinta el símbolo hindú del Chakra *Vishuda,* una flor de loto de dieciséis pétalos, una espiral, el océano y un delfín.

8º. Utiliza una prenda de vestir azul en la garganta.

Tu actitud básica para fomentar el estado de conciencia

1º. Vive con un estado de alegría permanente.

2º. Vive con un estado de confianza continua.

3º. Sé libre para elegir cualquier cosa que desees en tu vida.

4º. Obsérvate: ¿qué tan crítico y juicioso eres contigo mismo y los demás?

5º. Obsérvate: ¿qué tan rígido eres contigo mismo y con los demás?

6º. Practica la aceptación de quien eres, como eres y como no eres. Llévalo a los demás: acéptalos de la manera como son y no son.

7º. Practica la congruencia entre lo que dices, lo que sientes y tus acciones.

8º. Cumple tus promesas y compromisos: honra tu palabra.

Tus frases de poder

Soy libre para elegir porque soy libre para elegir.
Asumo el poder de mis decisiones.
Abro el corazón para expresar lo que quiero comunicar.
Abro el corazón para escuchar con generosidad.
Muestro al mundo la verdad de quien soy.
Soy leal a mí mismo.

Resumen del Chakra de la Comunicación	
Localización:	Garganta
Órganos y funciones que gobierna:	Sistema nervioso parasimpático, sistema respiratorio, sistema inmunológico, garganta, aparato auditivo, canal alimenticio, voz, mandíbula, tiroides, paratiroides, rostro y piel
Vertebras:	De la tercera a la séptima cervical
Glándula que rige:	Tiroides y paratiroides
Órgano para adquirir conocimiento:	Oído
Sentido de percepción ordinario:	Oír
Sentido de percepción sutil:	Escuchar
Órgano de trabajo:	Garganta y oído
Poder para la acción:	Comunicar y escuchar
Puerta de entrada:	Huesos
Elemento de la naturaleza:	Éter
Color:	Azul
Símbolo de la naturaleza:	Caracol
Figura:	Espiral
Número de pétalos:	Diesciséis
Animal de poder:	Delfín

Aspecto de la conciencia:	Conocimiento elevado, inspiración espiritual, creatividad, manifestación de las ideas, expresión del arte, saber escuchar lo que no se dice o el sonido de lo no dicho
Cuarzos y piedras de poder:	Aguamarina, amazonita, diamante, lapislázuli, topacio, turquesa, turmalina, zafiro
Esencias:	Eucalipto, lavanda, limón, melisa
Alimentación:	Ajo, apio, berros, cebolla morada, col morada o blanca, col de Bruselas, berenjena, espárrago, pepino, perejil, papa, pescados azules, rábanos
Frutas:	Limón, guayaba, naranja, plátano
Plantas medicinales:	Ajo, anís, berros, borraja, buganvilia, canela, eucalipto, lavanda, mapurite, mercadela, gordolobo, orozuz, papa, sauco, tila, tomillo
Tono musical:	*Sol*
Instrumentos:	Voz humana, orquesta
Ejercicios:	Aeróbicos, natación, disciplinas sagradas, artes marciales, canto
Mudra para la meditación:	Shunya
Mantra o sonido de poder:	*Ham*
Tus acciones:	Canta, comunica, escucha, lee, escribe un diario, ríe. Dibuja o pinta el símbolo hindú del Chakra *Vishuda*, una flor de loto de dieciséis pétalos, una espiral, el océano y un delfín. Utiliza una prenda de vestir azul en la garganta

Tu actitud básica para fomentar el estado de conciencia:	Vive con un estado de alegría y confianza. Elige con libertad. Obsérvate: ¿qué tan crítico y juicioso eres contigo mismo y los demás? ¿Qué tan rígido eres contigo mismo y con los demás? Practica la aceptación de quien eres, como eres y como no eres. Practica la congruencia entre lo que dices, lo que sientes y tus acciones. Cumple tus promesas y compromisos: honra tu palabra
Tus frases de poder:	Soy libre para elegir porque soy libre para elegir. Asumo el poder de mis decisiones. Abro el corazón para expresar lo que quiero comunicar. Abro el corazón para escuchar con generosidad. Muestro al mundo la verdad de quien soy. Soy leal a mí mismo
Chakra paralelo:	Chakra de la Conexión, Chakra del Amor, Chakra de la Creatividad

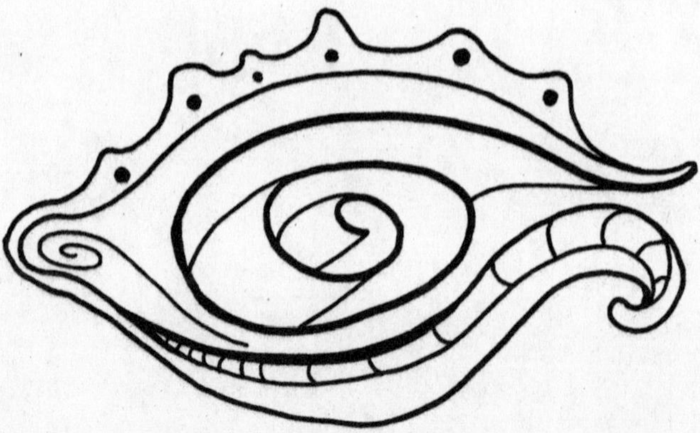

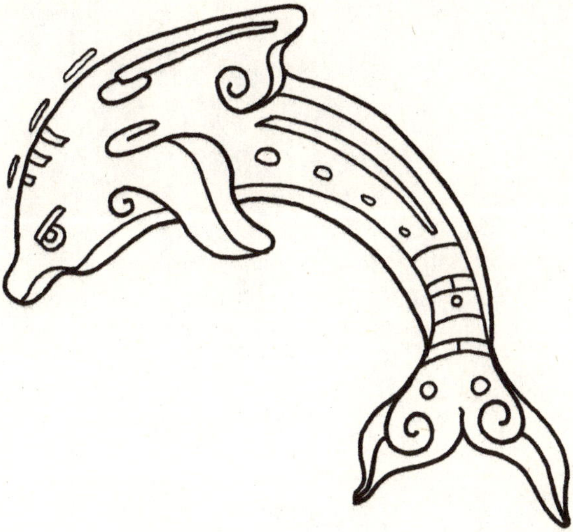

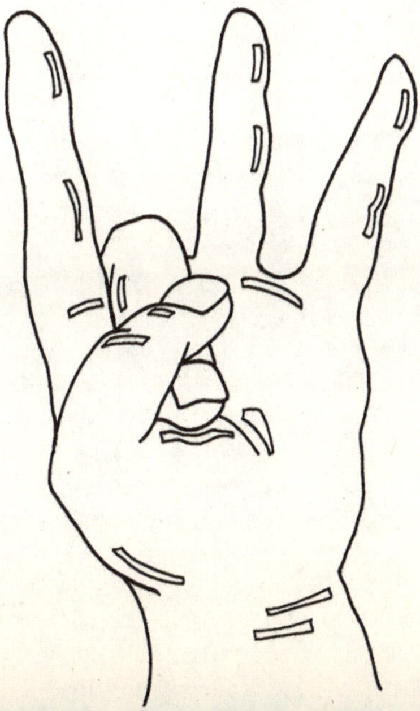

CAPÍTULO VIII

CHAKRA DE LA VISIÓN, EL PODER DE LA SABIDURÍA

Ahora sube un poco más tu atención, hacia el centro de tu frente, entre los dos ojos, e imagina un círculo color índigo: estás en el Chakra de la Visión. Su nombre sánscrito es *Ajna,* significa "mandato".

Llegamos al punto en el que los canales de energía masculina (solar) y femenina (lunar), o *Nadis*, ascienden por la columna vertebral desde el Chakra del Arraigo hasta tocar la glándula pituitaria, en donde se encuentran como dos cabezas de serpiente, una frente a la otra. Dicen los antiguos mexicanos que éste es el lugar de Ometeotl, en donde la dualidad deja de ser ilusión para observar, con la visión interna, que la energía de vida es una sola: lo negativo y positivo como partes intrínsecas de la totalidad.

¿Recuerdas la imagen del Caduceo de Mercurio y la figura con la que explicamos el movimiento de la energía kundalini, en el capítulo uno? Como se mencionó entonces, en la base de la columna vertebral surgen los canales llamados *Ida* y *Pingala,* que ascienden por la columna con un movimiento sinuoso, cruzándose consecutivamente en cada uno de los puntos en los que converge un centro de energía. Al llegar al Chakra de la Visión, ambos canales se vuelven a encontrar sin cruzarse, de modo que las dos cabezas forman una sola, como la serpiente de fuego kundalini, y al llegar al sexto chakra empieza el proceso de iluminación.

Este flujo de energía ascendente necesita una puerta de salida, y la tiene: la puerta del canal de energía masculina está en la fosa nasal derecha, y la del canal de energía femenina, en la izquierda. De ahí que la respiración tenga un papel fundamental no sólo en la vida misma, sino en el camino espiritual. Recuerda, una vez más, que tu primer acto al nacer es expandir tus pulmones a través de la inhalación; y el segundo es tu primera exhalación. A partir de ese momento, la respiración es la acción más importante, no sólo te da la certeza de estar vivo, además te da paz, relajación, confianza y serenidad; y, evidentemente, apoya tu camino en la búsqueda de la trascendencia. Lo último que harás antes de morir será exhalar.

La vida cotidiana está basada en la dualidad: el lado derecho y el izquierdo, arriba y abajo, el día y la noche, el calor y el frío, lo bueno y lo malo, lo blanco y lo negro, lo positivo y lo negativo, el yin y el yang, ometéotl y omecíhuatl. La mayor parte de las cosas se miran filtradas a través de este lente bipolar. Incluso el cerebro está dividido por la mitad, en dos hemisferios unidos por una pequeña callosidad; de igual manera, tienes dos ojos, dos brazos, dos manos, dos piernas y dos pies. Todo tu equilibrio está sostenido por el balance del punto medio. Entonces, lo que vemos a la derecha o a la izquierda adquiere el lugar del centro; no es ni lo uno ni lo otro, sino la unidad de ambos, en la que uno no puede existir sin la existencia del otro. La necesidad de elegir desaparece, junto con la ilusión de separación.

Sucede que la dualidad es una maya ilusoria que nos hace creer que estamos separados, no sólo de los demás, sino de nosotros mismos. Cuando se halla el equilibrio, el punto medio, el observador y el observado también dejan de existir, y la mente y el corazón dejan de estar divididos. Por ello, este chakra se asemeja al vuelo de la mariposa: cada una de sus alas representa un lado de la vida; y su cuerpo, el punto de unión en el que la dualidad se vuelve un solo ser.

Su relación con el cuerpo físico

Los órganos y sistemas que dependen del Chakra de la Visión para mantenerse sanos son: la silla turca, ambos hemisferios cerebrales, el tálamo, el diencéfalo y el sistema nervioso vegetativo; las glándulas de secreción interna como la tiroides, las mamas, los ovarios y los testículos, así como el páncreas, los riñones y el sistema óptico. Las vertebras que generan su energía son la primera y la segunda cervical.

Las glándulas que lo rigen y le sirven de enlace con el cuerpo físico, son la hipófisis o pituitaria y el hipotálamo.

La hipófisis se localiza en un espacio óseo llamado silla turca, situado sobre el hueso esfenoides, compuesto por dos pares de alas, en la base del cráneo. Si se observa de frente, tiene la forma de una mariposa. La hipófisis tiene un peso aproximado de 0.5 gramos; su nombre proviene de las raíces griegas *hipó,* que significa "debajo", y *físis,* que significa "crecer o excretarse". Se le llama la glándula maestra, ya que controla al resto de las glándulas que conforman el sistema endócrino, entre ellas la tiroides. Tiene dos partes: anterior y posterior; cada una de ellas surge de un área diferente del mismo embrión (una vez más, como las alas de la mariposa). La adenohipófisis se encarga de producir la hormona de crecimiento; y la neurohipófisis, de producir oxitocina. La glándula, en su conjunto, se encarga también de producir la hormona estimulante de la tiroides, las hormonas de los ovarios y los testículos, las hormonas del páncreas y los riñones, y la hormona antidiurética.

La hipófisis se conecta con el hipotálamo a través del tallo pituitario. El hipotálamo es conocido como el director de orquesta del sistema endócrino. Su nombre viene de las raíces griegas *hipó,* que significa "debajo", y *thálamos,* "cámara nupcial". Está situado debajo del tálamo, es la estructura neuronal que se origina en el diencéfalo, en la parte central del cerebro. Todos los estímulos sensoriales, con excepción del olfato, pasan por el tálamo, que decide cuáles estímulos pasan a la corteza cerebral y cuáles no. Esto es, funciona como el agente aduanal del cerebro.

El hipotálamo está considerado el centro integrador del sistema nervioso vegetativo. Es el encargado de regular el hambre, el apetito y la saciedad. También controla el nivel de glucosa y ácidos grasos en la sangre, mantiene la temperatura corporal constante y regula la frecuencia respiratoria, la sudoración y el balance de agua en el cuerpo. Asimismo, es productor de oxitocina e influye en la producción de espermatozoides, en el ciclo menstrual y en las células que segregan leche de las glándulas mamarias; además, regula las contracciones del parto y ayuda a que el útero regrese a su posición normal. Por último, controla la pigmentación de la piel.

La hipófisis está muy cerca del nervio óptico, por lo que está asociada al campo de la energía sutil, de tal manera que adquiere la capacidad de percibir. Es el punto entre las cejas, en donde se abre el tercer ojo.

El órgano que permite al sexto chakra conectarse con la realidad es el cerebro, y el sentido con el que se relaciona instintivamente con el mundo y lleva la información al alma es la percepción. Por tanto, su sentido de percepción está en la visión interna y la clarividencia.

Este chakra manifiesta la acción de su poder mediante un órgano de energía sutil: el tercer ojo. El poder de su evolución se basa en la capacidad de ver la parte de la realidad que se encuentra oculta ante los ojos físicos y se desarrolla a través de la meditación. Ahora bien, la práctica meditativa no sólo te da la posibilidad de abrir tus canales de percepción, también te dará claridad, equilibrio interno y paz mental.

La puerta de entrada mediante la cual este chakra recibe información e irradia su propia energía es la médula ósea.

Sus símbolos

Color

El color del sexto chakra es el azul índigo o añil, que corresponde a una longitud de onda de luz entre el azul y el violeta. Antiguamente, la tintura índigo se extraía de un arbusto del género *Indigofera.*

En Centroamérica, esta planta se conoce con el nombre de jiquilite, y se usaba para teñir las túnicas sacerdotales y los murales de pirámides, como las de Bonampak, en Chiapas. El índigo simboliza espiritualidad, conocimiento, intuición y percepción.

Su figura

Ollin: movimiento; todo lo que está vivo se mueve, lo estático es la muerte. Al centro hay un ojo, el de la visión.

Por otra parte, la flor de loto que lo representa tiene dos pétalos, la dualidad unida en un cuerpo único, como las alas de la mariposa, como los dos hemisferios, como el balance entre las energías complementarias femenina y masculina existentes en toda creación.

Animal de poder: mariposa

El animal que representa el poder del sexto chakra es la mariposa. Guardián planetario, portador de la energía relacionada con la transformación espiritual en el ciclo de la vida, el renacimiento; la crisálida, asimismo, se relaciona con la dualidad, el balance y el equilibrio.

Para nuestros ancestros son las almas que vienen desde el Tlalocan a traer gozo espiritual, el estado natural del alma, pero que olvidamos en la medida en la que transitamos por este mundo. También son los espíritus de los guerreros que viajan desde la morada del Sol para traer protección. Y no hay que olvidarnos de Itzpapalotl, la mariposa con alas de obsidiana, el arquetipo de la mujer sabia, la mujer mágica, la que vuela en las noches convertida en esfera de fuego para entregar al mundo su poder.

La mariposa te invita a revisar las fases por las que transita tanto tu vida interior como la realización de lo que anhelas materializar. Al inicio eres como un huevecillo acunando el germen de la vida; la oruga se arrastra lenta por las hojas en espera de tirar la piel que la cubre, cuatro veces o más. Luego se refugia como crisálida para deshacerse de los tejidos que ya no necesita y poder dar paso a su cuerpo adulto. Cuando está completamente formada, sale de su envoltura con el vuelo de sus alas multicolores. Lo mismo sucede con lo que deseas realizar: primero tienes la idea, y después pones tu intención: quién eres y para qué deseas lo que quieres. En el proceso de meditación equilibras los hemisferios cerebrales, izquierdo y derecho, de tal manera que puedas tener paz mental y claridad interior hacia la realización de tu propia crisálida. La práctica meditativa, como alfombra mágica, sostendrá tu transformación y capacidad de reinventarte, para renacer.

Símbolo de la naturaleza

La perla azul que abre niveles superiores de percepción cuando se despierta la conciencia.

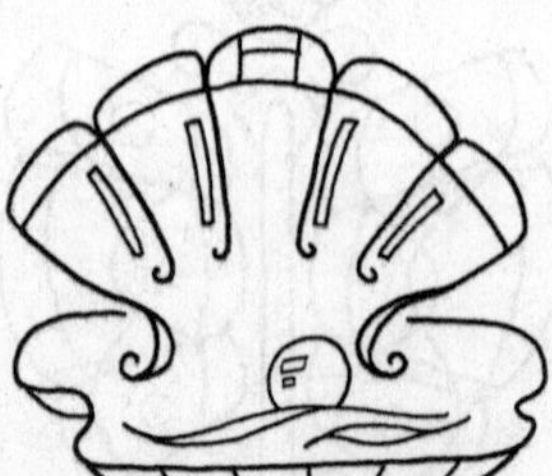

Sus nutrientes

El nutriente más importante para el Chakra de la Visión es la práctica de la meditación y la observación de la naturaleza. Medita, viaja al interior, el lugar en donde está la sede de tu propia sabiduría. Y si estás en contacto con la naturaleza, medita con los ojos abiertos, en la observación, ella misma otorga su sabiduría. Medita.

Mantén una alimentación equilibrada, basada en las recomendaciones del resto de los chakras, mucha agua e incluye la práctica de hacer respiraciones profundas.

Por otra parte, uno de los nutrientes que más pueden afectar al centro de la visión, y por ende a la glándula pituitaria y al sistema nervioso vegetativo, es el uso desmedido de drogas y plantas psicotrópicas, utilizadas en los últimos tiempos como tratamientos terapéuticos o caminos para despertar la conciencia, cuyo riesgo afecta la vida de las neuronas, el equilibrio del sistema nervioso central y periférico y, en ocasiones, la vida de quien las consume.

Sus cualidades

El Chakra de la Visión nos permite alcanzar la unidad a partir de la dualidad inherente a nuestra vida cotidiana, de conectarnos con el amor universal, de tal manera que vivamos con paz mental y en un estado de conciencia de compasión y conmiseración. Quienes nutren este chakra son personas disciplinadas que logran la paz a través del silencio y el desprendimiento gradual de los pensamientos obsesivos, gracias a la práctica de la meditación.

Esta paz se refleja también en la facilidad para recibir e interpretar información de las realidades, tangible y sutil: no sólo mediante una gran intuición, una memoria más despierta y mayor capacidad para la visualización, sino en la expresión de poderes mentales ligados con la telepatía, la videncia y la posibilidad de escuchar más allá de lo que las palabras nos quieren decir.

Consecuencias de su desequilibrio

La falta de equilibrio en el Chakra de la Visión impide escapar de la dualidad y comunicarnos empáticamente. Quien vive de esta manera suele manejar una vida confusa, llena de reglas rígidas y una obsesión por el orden que sólo oculta una falta de armonía general. Suelen ser personas cínicas y que se apresuran a juzgar a los demás sin poder adentrarse en la personalidad de su vecino y en lo que lleva dentro. Además de mostrar expresiones de incredulidad y escepticismo propias de la gente con falta de devoción, tienden a estar tan desconectadas del mundo sutil que, si acaso, vive su contacto con él en forma de alucinaciones.

Cuando el Chakra de la Visión está fuera de balance se pueden presentar los siguientes síntomas físicos y enfermedades:

Enfermedades y padecimientos físicos del Chakra de la Visión

- Alcoholismo y drogadicción
- Migrañas
- Pérdida de memoria
- Tumores cerebrales
- Diabetes
- Infarto de la glándula pituitaria, llamado síndrome de Sheehan
- Tumor en la hipófisis
- Hipertensión
- Mal de Parkinson
- Vitiligo
- Tumores cerebrales
- Insomnio

Desequilibrios energéticos y emocionales del Chakra de la Visión

- Devaluación
- Victimismo
- Psicosis

- Bipolaridad
- Esquizofrenia
- Ansiedad
- Paranoia
- Trastorno obsesivo compulsivo

> Hablar del sexto chakra es hablar del silencio interior que se logra una vez que se ha vencido el estado de dualidad. El estado de conciencia de unidad genera la capacidad de entender el significado profundo del conocimiento universal: cuando se alcanza, la mente se aquieta y se purifica.
>
> El despertar de este chakra otorga evolución espiritual, de modo que la meditación ocurre de manera espontánea: la energía kundalini ha subido por el canal central *Sushumna* hasta llegar al centro de la unidad, de modo que ya no es posible la reversión espiritual. Su activación te otorga el despertar de los sentidos sutiles y te permite expandir tu percepción, de tal manera que tus sueños se convierten en revelaciones del alma. La experiencia es como un viaje que emprendes sin moverte, en el que se rompen las barreras del tiempo y el espacio, a la vez que tu vida se vuelve impredecible, pues eres el único que sabe hacia dónde dirigir el timón de tu destino, sentado en el asiento de la Divina Inteligencia, la silla turca, con el poder de transformar tu realidad, renacer y reinventarte.

Equilibrio para el Chakra de la Visión, el poder de la sabiduría

¿Cómo sabes si tu chakra de la visión está fuera de balance? Responde el siguiente cuestionario:

1. ¿Eres incrédulo y sólo confías en lo que es científicamente comprobable?

2. ¿Basas tu pensamiento y tus acciones únicamente en lo que dice la Biblia?
3. ¿Tiendes a interpretar todo negativamente?
4. ¿Cuáles son las creencias que consideras "verdad absoluta"?
5. ¿Tiendes a ceder en tus puntos de vista, cediendo tu poder?
6. ¿Tienes la creencia de que tus acciones no son incorrectas, te justificas para no ser responsable de lo que generas y después te das permiso de continuar así?
7. ¿Crees que eres la reencarnación de Jesús, Quetzalcóatl, María Magdalena o algún semidios?
8. ¿Manipulas a los demás amenazándolos con recibir algún castigo divino si no hacen lo que les pides o lo que quieres?
9. ¿Tienes un cierto placer por la venganza y los actos de violencia?
10. ¿Crees que tu Dios y tu religión son la única verdad y es absoluta, lo cual justifica cualquier acción, aunque ésta signifique la muerte de otras personas?
11. ¿Niegas la posibilidad de otras formas de pensar?
12. ¿Tu frase es: ver para creer?
13. ¿Sufres de migrañas?
14. ¿Estás en riesgo de perder la visión?
15. ¿Estás preparado para sobrevivir o salir huyendo en caso de sufrir una próxima invasión extraterrestre o tienes un búnker con las provisiones necesarias en caso de un cataclismo?

Tu evaluación: si tienes 25% de las respuestas afirmativas, es importante que empieces a trabajar con tu Chakra de la Visión.

Ahora, vamos a la práctica cotidiana.

TU PRÁCTICA DE MEDITACIÓN

En este chakra el sonido es *Om*, es la tonalidad que acompaña la mayor parte de los mantras sagrados.

Indicaciones generales

Siéntate cómodamente sobre tu cojín de meditación o en una silla, con la espalda erguida. Coloca las manos sobre las rodillas. Esta posición favorece la concentración y te prepara en caso de que quieras realizar cualquier otro mudra o posición de poder. Haz una respiración profunda. Concéntrate en tu respiración. Puedes iniciar tu práctica con los ojos abiertos, estando consciente de los ruidos y la atmósfera del lugar donde te encuentras. No mires hacia todos lados y tampoco mantengas la mirada en un punto fijo. Simplemente deja que tu mirada descanse en un lugar, cualquiera que éste sea. Cuando lo sientas, cierra los ojos con suavidad, mientras continúas respirando. Deja pasar todos los pensamientos, no te aferres a ninguno. Llénate de paz mental.

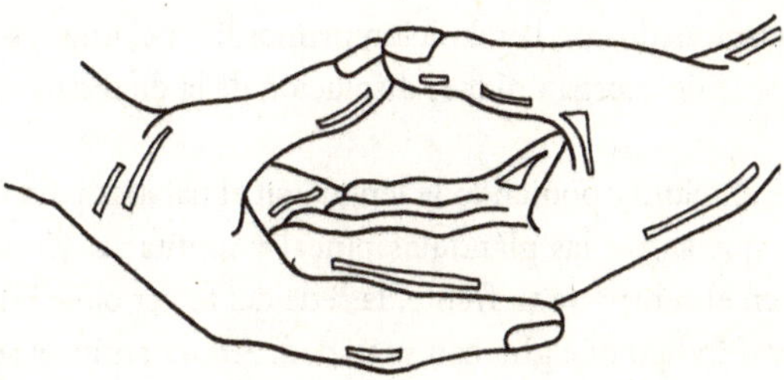

Lenguaje o posición de manos para el Chakra de la Visión: Mudra Dhyani

Siéntate con la espalda recta, en una silla o en tu cojín de meditación. Haz una respiración profunda y calma tu mente. Coloca tus manos en el regazo, con las palmas hacia arriba, haciendo un cuenco; la mano izquierda reposa sobre la derecha. Junta las yemas de los dedos pulgares. Ésta es una de las posiciones más clásicas y conocidas para la práctica de la meditación.

Propiedades

Plano físico: te otorga balance entre los dos hemisferios, fortaleciendo la médula espinal y el sistema nervioso para darte concentración.

Plano emocional: te otorga equilibrio interno y paz emocional.

Plano mental: capacidad de concentración y paz mental.

Plano espiritual: éste es el mudra de la rendición y la humildad.

Medita

Haz una respiración profunda. Concéntrate en tu respiración. De preferencia, cierra los ojos, mientras continúas respirando suavemente. Deja pasar todos los pensamientos, no te aferres a ninguno. Y ahora, concentra tu atención en el centro de tu frente, el asiento del tercer ojo, mientras visualizas un círculo azul índigo que empieza a girar con suavidad. Ahora emite el mantra o sonido de poder de manera natural: *Om.*

Mantra o sonido de poder: *Om* (aum)

Sonido relacionado con la vibración primordial del universo.

Su repetición otorga unidad, disolución de la dualidad y alta conciencia.

Repite el mantra poniendo la lengua en el paladar para crear una vibración que active las glándulas pineal y pituitaria. Concentra tu atención en el centro de tu frente, la sede del tercer ojo e imagina un círculo azul índigo que gira con suavidad. Ahora repite el sonido *om (aum).*

Tu nutrición

El Chakra de la Visión se nutre principalmente de sustancias contenidas en pescados azules y en cereales integrales, de preferencia maíz, arroz y avena. También se recomienda comer brócoli, coliflor y frutas antioxidantes, como uvas y frutas rojas; almendras, nueces, cacahuates, pistaches y, por supuesto, beber mucha agua. Recuerda: tu cerebro también requiere agua, por lo que requieres hidratarlo continuamente.

Tus cuidados en ayunas

1º. En ayunas: bebe una taza de agua tibia con el jugo de un limón para alcalinizar tu organismo. Si tienes problemas intestinales puedes agregar una cucharada sopera de aceite de oliva, aceite de semilla de uva o aceite de coco.

2º. Prepara un té compuesto por la siguiente combinación de plantas medicinales, elige por lo menos tres de ellas: ginseng, ginkgo biloba, vainilla, cacao (chocolate), café, té verde, hierba de San Juan, valeriana, pasiflora y tila.

3º. Toma un licuado hecho a base de frutos rojos con cacao y un toque de vainilla natural, en agua.

Tus plantas medicinales

Las principales plantas medicinales que aportan beneficios en el tratamiento de males relacionados con este chakra son el ginseng, ginkgo biloba, vainilla, cacao (chocolate), café, té verde, hierba de San Juan, valeriana, pasiflora y tila.

Tus ejercicios

El tipo de ejercicio que contribuye a fortalecer este chakra es todo aquel en el que combines fuerza, energía y relajación, como el yoga, tai chi o las artes marciales. La práctica de la meditación se vuelve un ejercicio espiritual cotidiano que ayuda a mantener el sexto chakra en equilibrio; se recomienda meditar por lo menos 20 minutos diarios.

Tus cuarzos

Algunos cuarzos y piedras de poder que nutren y contribuyen al equilibrio de la energía de la visión son la amatista, azurita, diamante, moldavita, obsidiana, topacio, turmalina, turquesa y zafiro. Puedes utilizar alguno de ellos colgado debajo de la garganta o tenerlos en la mano cuando realices tu práctica de meditación.

Tu aromaterapia

Algunas esencias que pueden utilizarse en aromaterapia para fomentar el beneficio de este chakra son el sándalo, jazmín, gardenia y copal. Puedes ponerlas directamente en el centro de tu frente y en tu ombligo, por las noches y por la mañana, después de tu baño.

Tu música

Su tonalidad musical es *La*. Las notas que estimulan su acción son aquellas cuyo ritmo está sostenido por todos los instrumentos de una orquesta, en especial el arpa, flauta dulce, oboe, piano, violín y chelo, aunque, como se recomienda escuchar música cuyo pulso invite a la serenidad, la meditación y el silencio interno, a menudo funcionan piezas con voz (sola o en coro) que cumplen con estas características.

Para quienes aprecian la música clásica, aquí van algunas recomendaciones:

- Johann Sebastian Bach, corales y motetes.
- Erik Satie, *Gymnopedie No. 1.*
- W. A. Mozart, *Sonata para piano No.12 in F, K 332: 2, Adagio.*
- György Ligeti, *Lux aeterna.*
- Johannes Ockeghem, misas y motetes.
- Giovanni da Palestrina, misas.
- Vivaldi, *Gloria, RV 589.*
- Música de la India para meditación.

Tus acciones

1º. Medita 20 minutos sentado.

2º. Practica la meditación en movimiento.

3º. Practica el poder de la visualización.

4º. Lee las enseñanzas de los grandes maestros de la humanidad, como punto de inspiración.

5º. Escribe.

6º. Sonríe de manera permanente.

7º. Realiza un trabajo de servicio y contribución a los demás, que no sea remunerado.

8º. Dibuja o pinta el símbolo hindú del Chakra *Ajna*, una flor de loto de dos pétalos, el símbolo del Om, una mariposa.

9º. Utiliza un lienzo índigo o morado en la frente o coloca un cuarzo pequeño en el lugar del tercer ojo.

10º. Practica el estado de conciencia de amor incondicional.

Tu actitud básica para fomentar el estado de conciencia

1º. Vive en un estado de alegría permanente.

2º. Vive en un estado de confianza continua.

3º. Sé libre para elegir cualquier cosa que desees en tu vida.

4º. Obsérvate: ¿qué tan crítico y juicioso eres contigo mismo y los demás?

5º. Obsérvate: ¿qué tan rígido eres contigo mismo y con los demás?

6º. Practica la aceptación de quien eres, como eres y como no eres. Llévalo a los demás: acéptalos de la manera como son y no son.

7º. Practica la congruencia entre lo que dices, lo que sientes y tus acciones.

8º. Cumple tus promesas y compromisos: honra tu palabra.

Tus frases de poder

Mi computadora mental tiene el poder de reprogramarse.
Soy libre para reescribir mi historia.
Tengo la libertad de reinventarme.
Soy el poder de la transformación.
Mis células tienen el poder de escuchar y de regenerarse.
Mi salud es perfecta. Soy joven.
Tengo el poder de crear y recrear cada momento de mi vida.

Resumen del Chakra de la Visión	
Localización:	En el centro de la frente
Órganos y funciones que gobierna:	Hemisferios cerebrales, silla turca, tálamo, diencéfalo, tiroides, mamas, ovarios, testículos, páncreas, sistema nervioso vegetativo, sistema óptico. Vértebras: primera y segunda cervical
Glándula que rige:	Hipófisis o pituitaria, hipotálamo
Órgano para adquirir conocimiento:	Cerebro
Sentido de percepción ordinario:	Percepción
Sentido de percepción sutil:	Clarividencia
Órgano sutil de trabajo:	Tercer ojo
Poder para la acción:	Meditar
Puerta de entrada:	Médula ósea
Elemento de la naturaleza:	Luz
Color:	Azul índigo
Símbolo de la naturaleza:	Luz del Sol
Figura:	Ollin
Número de pétalos:	Dos
Animal de poder:	Mariposa
Aspecto de la conciencia:	Transformación, renacimiento

Cuarzos y piedras de poder:	Amatista, azurita, diamante, moldavita, obsidiana, topacio, turmalina, turquesa, zafiro
Esencias:	Sándalo, jazmín, gardenia, copal
Alimentación:	Alimentos antioxidantes, pescados azules y cereales integrales: maíz, arroz y avena. Brócoli, coliflor y frutas antioxidantes, como uvas y frutas rojas; almendras, nueces, cacahuates, pistaches y beber mucha agua
Plantas medicinales:	Ginseng, ginkgo biloba, vainilla, cacao (chocolate), café, té verde, hierba de San Juan, valeriana, pasiflora y tila
Tono musical:	*La*
Instrumentos:	Arpa, chelo, flauta dulce, oboe, piano, violín. Todos los instrumentos de una orquesta
Ejercicios:	Fuerza, energía y relajación, como yoga, tai chi o las artes marciales
Mudra para la meditación:	Dhyani
Mantra o sonido de poder:	*Om*
Tus acciones:	Medita 20 minutos sentado. Practica la meditación en movimiento. Practica el poder de la visualización. Lee las enseñanzas de los grandes maestros de la humanidad, como punto de inspiración. Escribe. Sonríe de manera permanente. Realiza un trabajo de servicio y contribución a los demás, que no sea remunerado. Dibuja o pinta el símbolo hindú del Chakra *Ajna*, una flor de loto de dos pétalos, el símbolo del *Om*, una mariposa. Utiliza un lienzo índigo o morado en la frente o coloca un cuarzo pequeño en el lugar del tercer ojo. Practica el estado de conciencia de amor incondicional

Tu actitud básica para fomentar el estado de conciencia:	Vive en un estado de alegría permanente y confianza continua. Sé libre para elegir. Obsérvate: ¿qué tan crítico y juicioso eres contigo mismo y los demás? Obsérvate: ¿qué tan rígido eres contigo mismo y con los demás? Practica la aceptación de quien eres, como eres y como no eres. Practica la congruencia entre lo que dices, lo que sientes y tus acciones. Cumple tus promesas y compromisos: honra tu palabra
Tus frases de poder:	Mi computadora mental tiene el poder de reprogramarse. Soy libre para reescribir mi historia. Tengo la libertad de reinventarme. Soy el poder de la transformación. Mis células tienen el poder de escuchar y de regenerarse. Mi salud es perfecta, soy joven. Tengo el poder de crear y recrear cada momento de mi vida
Chakra paralelo:	Todos

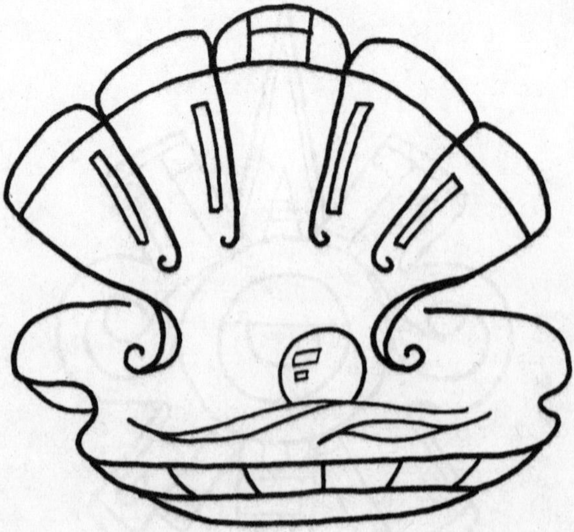

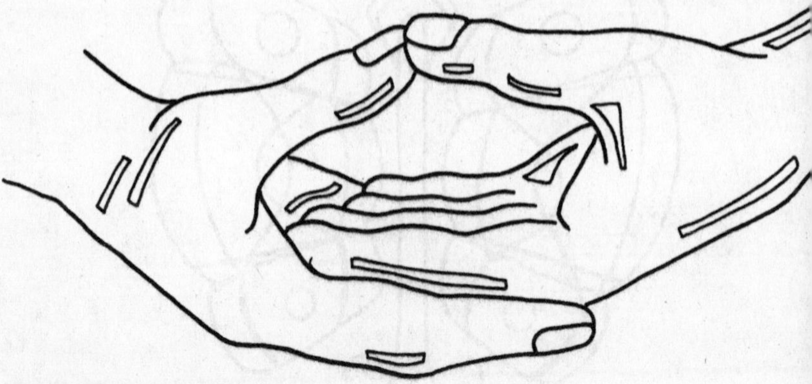

CAPÍTULO IX

CHAKRA DE LA CONEXIÓN, EL PODER DE LA AUTORREALIZACIÓN

Ahora lleva tu atención hacia arriba, a la coronilla: has llegado finalmente al Chakra de la Conexión. Su nombre en sánscrito es *Sahasrara,* significa "vacío, el lugar de residencia sin apoyos". Es el asiento del gurú, del ser superior que habita en tu interior.

El Chakra de la Conexión está sostenido por la sílaba sagrada *Om:* el sonido primordial del que emana todo el universo; origen y principio del alfabeto sánscrito y del sonido cósmico. Asimismo, el *om* es la forma en la que Dios se manifiesta a través del sonido. Los maestros del Oriente pronuncian el *om* como el mantra más poderoso, ya que con su repetición constante la mente se aquieta, las impurezas del ego se purifican y el ser interior se alinea al Chakra de la Conexión para irradiar la energía de plenitud que da el estado de autorrealización.

El despertar de esta rueda de energía otorga la capacidad de percibir toda esta mágica realidad, tan real como todo lo que observas con tus ojos físicos. Se desvanece la ilusión de creer que la vida llega sólo hasta donde lo ojos pueden ver y, cuando descorres el velo y miras a la distancia, descubres, con asombro, que más allá del horizonte y de lo que comprendes hay más vida por descubrir, llena de rutas inimaginables: el camino hacia la evolución no es una meta ni un lugar determinado al cual llegar. Cada vez que descubres un nivel que parece ser el último, surge uno nuevo, con la oportunidad de llevar al alma a una frecuencia superior. El estado de realización está sostenido por una magia milagrosa que actúa en el silencio. Lo único que se te pide para ello es entrega y gratitud. La entrega no es cualquier cosa, es la capacidad de soltar absolutamente el control a designios desconocidos, como si te aventaras al vacío, sin más apoyo ni estructura que te soporte, más que la fuerza de tu confianza. Hay quienes lo llaman fe.

El Chakra de la Conexión es el lugar de la unidad con el todo, la experiencia de saber que una partícula de la divinidad habita en ti mismo y que todo ser vivo está dotado de las mismas partículas manifiestas en el mundo: los árboles y demás plantas, los animales, la tierra, el mar, cada hombre y mujer; por el simple hecho de estar vivos llevan el aliento de la creación impregnado en los lugares más recónditos de su ser. Quienes poseen este saber se comunican con los seres de la naturaleza con absoluto respeto: si siembran, piden antes permiso y cantan a la tierra; si matan algún animal, solicitan que su espíritu renazca en una vida mejor; si cortan una planta, le piden perdón; si llueve, levantan las manos al cielo con gratitud.

Su relación con el cuerpo físico

Del Chakra de la Conexión dependen, para mantener su salud, la glándula pineal, la hipófisis, el hipotálamo, el córtex cerebral, la retina y todo el sistema óptico, las gónadas, las mamas, el hígado, el intestino delgado y los sistemas inmunológico y cardiovascular central. En la columna, las vertebras que irradian la energía del Chakra Coronario son la primera y la segunda cervical.

La glándula que lo rige es la pineal. Situada en el techo del diencéfalo, en lo que se denomina la fosa pineal, es una glándula de 5 milímetros de diámetro que está estrechamente relacionada con la función fotosensorial, ya que se conecta a la retina a través del ganglio cervical superior y del núcleo supra raquídeo. La glándula pineal forma parte de las vías visuales y está relacionada con la función que convierte la información de la luz en secreciones hormonales. Cuando no hay luz, produce melatonina, a partir de la serotonina. Regula los ciclos de vigilia y sueño, y contrarresta los efectos del síndrome de zonas horarias (conocido como *jet lag*). Asimismo, controla el inicio de la pubertad y es un poderoso antioxidante que trabaja en unión con el timo (del que hablamos en el capítulo correspondiente al Chakra del Amor).

La melatonina ha sido llamada la "hormona de la oscuridad", porque su producción se estimula de noche, y se inhibe con la acción de la luz. Su acción influye en la hipófisis, el hipotálamo, la retina, las gónadas, las mamas, el corazón, el hígado y los intestinos, entre otros órganos; también está relacionada con el sistema inmunológico. Su secreción está regulada por tres factores: la temperatura, las estaciones del año y el ciclo diurno-nocturno. La producción de melatonina alcanza su pico entre las 11 y 12 de la noche, y gradualmente disminuye hasta el amanecer. Por ello, si no se respetan las horas de sueño nocturno, disminuye la secreción de melatonina. Las repercusiones de la deficiencia en la secreción de estas hormonas se manifiestan en migrañas, cefaleas, insomnio, depresión, deficiencia del sistema inmunológico y envejecimiento prematuro.

Los alquimistas afirmaban que la glándula pineal es la fuente de la eterna juventud; Descartes decía que en ella estaba la sede del espíritu. Los maestros hinduistas sostienen que es el sitio donde el ser interior que habita en el Chakra del Amor se une con el ser superior del Chakra de la Conexión, la puerta por donde se accede a frecuencias de energía superior; de ahí que también se conozca como "el ojo de la sabiduría". Se dice que la glándula pineal es un vestigio de un tercer ojo que tuvieron nuestros ancestros hace miles de años.

El órgano que permite a este centro de energía conectarse con la realidad es la retina y, en general, el sistema óptico. Este chakra se relaciona instintivamente con el mundo mediante el sueño. Por tanto, su sentido de percepción es en la clarividencia.

El órgano de energía sutil que manifiesta la acción de su poder, al igual que ocurre con el Chakra de la Visión, es el tercer ojo, ya que, como en aquél, el poder de su evolución se basa en la capacidad de ver la realidad oculta a los ojos físicos.

La puerta de entrada por la que el chakra recibe información e irradia su energía es la coronilla.

Sus símbolos

Color

Al Chakra de la Conexión corresponde el color blanco con destellos dorados, ya que en su espectro están presentes todos los colores. Los destellos dorados se perciben debido a la alta frecuencia vibratoria que da el estado de iluminación.

Figura

Su figura es el *Om*. La flor de loto que lo representa tiene mil pétalos, como símbolo de los múltiplos.

Animal de poder: quetzal

El animal que representa el poder del Chakra de la Conexión es el quetzal. Este guardián planetario es una de las especies más hermosas del mundo, originaria de México y Centroamérica; ha sido honrada como ave sagrada y sus plumas se utilizaban en la manufactura de los atuendos y los penachos de reyes y sacerdotes, como el de Moctezuma, el cual se encuentra en el museo de Etnología, en Viena. Es portador de la energía relacionada con el conocimiento espiritual en la ruta hacia la iluminación, ya que en sí mismo es sabiduría, belleza, libertad y entrega absoluta.

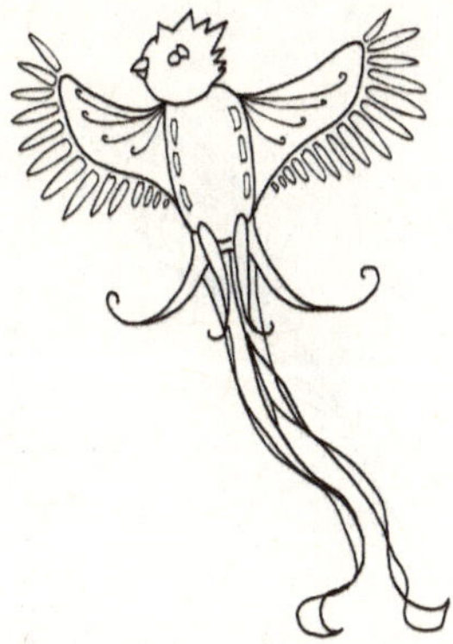

Su larga cola de plumas brillantes, *quetzalli*, marca la ascención de la energía kundalini, viajando del coxis al cerebro a través de la médula espinal, para establecer el puente de conexión entre las glándulas suprarrenales con la glándula pineal. Sus alas extendidas tocan los hemisferios cerebrales para equilibrar el vuelo de la evolución espiritual, y con su canto llama a las deidades del cielo y de la Tierra.

Cuando evocas al quetzal, honras la energía de Quetzalcóatl, la serpiente de plumas preciosas enroscada tres vueltas y media en la base del coxis, para ascender por la columna vertebral y tocar cada uno de tus chakras, en el camino a la iluminación: fundamento de las enseñanzas de Quetzalcóatl, cuya disciplina se sostenía a través de la práctica de la danza, el canto y la meditación.

Como dios, Quetzalcóatl es considerado creador de la nueva humanidad, ya que una vida sostenida en la disciplina sagrada se reinventa y nunca vuelve a ser la misma.

En la antigüedad, quien osaba matar a una de estas aves sagradas era castigado con la pena de muerte. Hoy día, el quetzal está en peligro de extinción, ya que el ser humano es su mayor depredador.

Símbolo de la naturaleza: pluma de pavo real

La pluma del pavo real ha sido utilizada por varias culturas para recordar que el ojo de dios también está dentro de uno mismo, con la capacidad de percibir lo que está detrás de la *maya*. El poder de observar lo manifiesto y lo oculto, ante cuya visión nada se esconde. Es símbolo de sabiduría, conocimiento, pureza e inmortalidad.

Sus cualidades

El contacto con la energía de la plenitud canalizada a través del Chakra de la Conexión permite alcanzar el estado de conciencia superior a través del silencio y la meditación, acompañada del canto del *Om*. Esto permite sentirse parte de la colectividad y de toda la energía del universo, y expresar ese sentimiento como gozo espiritual acompañado de una alta concentración energética en el cuerpo y el alma. Cuando el Chakra Coronario se despierta, surgen cualidades tales como el amor incondicional, el altruismo, la compasión hacia los demás, la gratitud, la humildad y la cosciencia de unidad. La concentración de esta energía está, asimismo, relacionada con la regeneración celular.

Quetzalcóatl, o la energía kundalini, que ha subido a lo largo de la columna vertebral llega al Chakra de la Conexión; la serpiente de plumas preciosas se divide en una serie de ramificaciones lumínicas que salen por la coronilla, irradiando luz blanca con destellos dorados. Éste es el estado de plenitud que otorga la unidad con el ser y las leyes cósmicas. Entonces, la ilusión de separación y aislamiento se disuelve y la maya de la dualidad se cae: tu vida pertenece a algo más, de lo que formas parte, aunque no sabías que existía. Es como si te quitaran la venda de los ojos —la *maya* de la que hablan los maestros— para que veas, por primera vez, tu propio telar de luz unido al gran telar del universo.

Después de este momento de expansión, que puede durar un instante eterno con reverberaciones por varias semanas, como las ondas que crea una piedra arrojada al agua, la energía kundalini desciende nuevamente por la columna vertebral hasta regresar al Chakra del Arraigo, pero en un plano de conciencia superior.

Es común que los practicantes de meditación quieran conservar estos momentos de gloria para siempre, pero poco a poco retornan a su vida cotidiana, pues lo que ahora tienen que soltar es el apego. Sin embargo, aunque el estado de expansión se diluya lentamente, la plenitud permanece en la base de la experiencia: la vida jamás vuelve a ser la misma. Algo de serenidad queda siempre en los fundamentos de la cotidianidad, algo de la experiencia se guarda en tus registros para que puedas regresar a ella una y otra vez.

Consecuencias de su desequilibrio

Quien tiene problemas relacionados con el Chakra de la Expansión tiende a sentirse enajenado, incapaz de pensar por sí mismo. Aunque pueda tener diversas virtudes intelectuales, su escepticismo y falta de inspiración le impiden valerse de ellas para llegar al bienestar espiritual.

Las personas con este chakra desequilibrado tienden a ser incapaces de sentir comprensión por su prójimo, por lo cual suelen ser arrogantes, autoritarias, obstinadas y tercas, y quieren controlar absolutamente todo, lo cual las lleva a sentirse solas y separadas del resto del mundo.

Por otra parte, el desequilibrio de este chakra puede ocasionarse por adicciones, como el uso de drogas y el exceso de alcohol.

La falta de balance en el Chakra de la Conexión se llega a manifestar en síntomas físicos y enfermedades como los siguientes:

Enfermedades y padecimientos físicos del Chakra de la Conexión

- Demencia senil, depresión, envejecimiento prematuro
- Tumores y enfermedades cerebrales
- Migrañas
- Insomnio

- Psicosis
- Esquizofrenia
- Bipolaridad
- Cáncer de mama o de próstata
- Alcoholismo
- Drogadicción

Desequilibrios energéticos y emocionales del Chakra de la Conexión

- Dificultad para pensar por uno mismo
- Falta de inspiración
- Escepticismo
- Actitud de superioridad espiritual
- Abuso de poder espiritual
- Exceso de intelectualidad
- Enajenamiento
- Autoritarismo
- Arrogancia
- Inflexibilidad
- Deseo de control
- Sentimiento de separación y no pertenencia

> El despertar del Chakra de la Conexión abarca tu día entero: se sostiene por la práctica de ver en cada ser humano a tu otro yo; al ver a los animales como tus hermanos; al ver a los árboles y demás plantas, a los ríos, a las lagunas y al mar como tus maestros; al amar la tierra y respetarla; por la práctica de honrar tu cuerpo y aceptarlo tal como es; por soltar tus apegos y fluir; por la práctica de la compasión hacia cada ser viviente; por agradecer cada acto y bendecir tu vida. Entonces la energía kundalini volverá a surgir con un ritmo cada vez más continuo, cada vez más sutil, cada vez más poderoso, hasta que permanezca con su vuelo de fuego sostenido, como el de Quetzalcóatl-Kukulkán, la serpiente emplumada.

Equilibrio para el Chakra de la Conexión, el poder de la autorrealización

¿Cómo sabes si tu Chakra de la Conexión está fuera de balance? Responde el siguiente cuestionario:

1. ¿Le reclamas a un Ser Superior por lo que no has recibido?
2. ¿Reclamas a las personas por lo que no te han dado?
3. ¿Estás resentido con la vida?
4. ¿Estás satisfecho de quién eres, con lo que has logrado y con lo que has dado en tu vida?
5. ¿Tienes claro tu propósito y misión de vida?
6. ¿Estás agradecido con lo que has recibido en esta vida?
7. ¿Has dado lo mejor de ti cuando se te ha requerido?
8. ¿Tienes claro tu legado?
9. ¿Eres adicto a alguna droga química o "natural"?
10. ¿Tienes problemas de alcoholismo?
11. ¿Estás en comunicación con la naturaleza?
12. ¿Cuidas de tu entorno y tu comunidad como lo más preciado?
13. ¿Cuidas tu cuerpo saludablemente como tu pasaporte para estar en este planeta?
14. ¿Practicas meditación?
15. ¿Te ríes con facilidad?

Tu evaluación: si tienes 25% de las respuestas afirmativas, es importante que empieces a trabajar con tu Chakra de la Conexión.

Ahora, vamos a la práctica cotidiana.

Tu práctica de meditación para el Chakra de la Conexión

En este chakra, el sonido *Om* es la tonalidad que acompaña la mayor parte de los mantras sagrados en el mundo.

Indicaciones generales

Siéntate cómodamente sobre tu cojín de meditación o en una silla, con la espalda erguida. Coloca las manos sobre las rodillas. Esta posición favorece la concentración y te prepara en caso de que quieras realizar cualquier otro mudra o posición de poder. Haz una respiración profunda. Concéntrate en tu respiración. Puedes iniciar tu práctica con los ojos abiertos, estando consciente de los ruidos y la atmósfera del lugar donde te encuentras. No mires hacia todos lados y tampoco mantengas la mirada en un punto fijo. Simplemente deja que tu mirada descanse en un lugar, cualquiera que éste sea. Cuando lo sientas, cierra los ojos con suavidad, mientras continúas respirando. Deja pasar todos los pensamientos, no te aferres a ninguno. Llénate de paz mental.

Antes de practicar el mantra y el mudra del chakra que deseas trabajar, realiza el siguiente mudra o posición energética de poder.

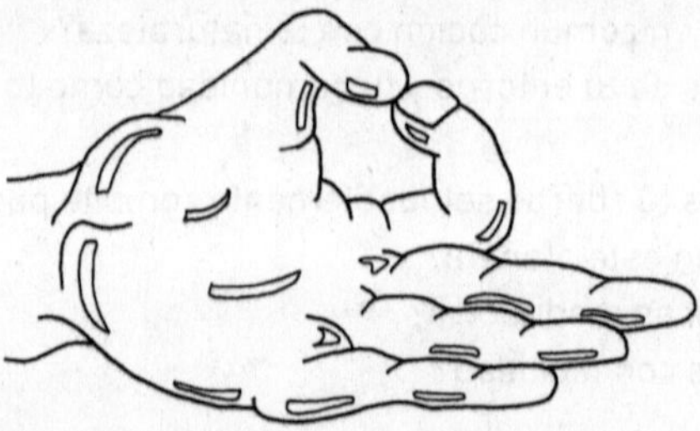

Mudra o posición de poder para las manos

Chin Mudra, denominado el Mudra del Conocimiento.

Indicaciones

Coloca las manos sobre las rodillas, junta las yemas de los dedos pulgar e índice de cada mano, el resto de los dedos, medio, anular e índice, permanecen estirados. Si quieres recibir energía, permite que la palma de las manos esté boca arriba, si deseas dar o conectarte con la tierra, que las palmas estén boca abajo, con los dedos apuntando hacia la tierra.

Propiedades

Plano físico: revitaliza los órganos y ayuda a la circulación energética del cuerpo sutil.

Plano emocional: equilibra las emociones, ayuda a eliminar la tristeza y favorece el gozo espiritual.

Plano mental: armoniza los hemisferios derecho e izquierdo, calma la mente, direcciona tu intención. Otorga paz mental.

Plano espiritual: unificación del cuerpo, la mente y las emociones. Abre la comunicación con tu ser interior y Dios.

Mantra o sonido de poder: *Om*

Om es el mantra por excelencia en todos los senderos y prácticas de meditación, ya que es el sonido primordial del universo.

Su repetición otorga unidad, disolución de la dualidad y alta conciencia. Repetir el mantra crea una vibración que surge de la garganta. Al poner la lengua en el paladar, activas la nariz, de tal manera que el sonido activa las glándulas pineal y pituitaria, que están en el cerebro. Por consecuencia, la activación se produce en todos los demás chakras, alineando toda tu energía y unificándola con tu esencia sagrada. Cuando repites el *Om* estás haciendo contacto con tu ser interior, el maestro o Gurú interno.

Tu nutrición

El Chakra Coronario, así como el Chakra de la Visión, obtiene sus nutrientes de pescados azules o grasos y cereales integrales orgánicos: arroz, maíz y avena; leguminosas: haba, lentejas, frijoles; coliflor, brócoli; almendras, nueces, cacahuates. Todas las frutas, en especial las uvas, los frutos rojos y el plátano. Recuerda: tu cerebro también requiere agua, por lo que requieres hidratarlo continuamente.

Tus cuidados en ayunas

1º. En ayunas: bebe una taza de agua tibia con el jugo de un limón para alcalinizar tu organismo. Si tienes problemas intestinales puedes agregar una cucharada sopera de aceite de oliva, aceite de semilla de uva o aceite de coco.

2º. Prepara un té compuesto por la siguiente combinación de plantas medicinales, elige por lo menos tres de ellas: el cacao, ginseng, ginkgo biloba, milenrama, salvia, yerba mate, vainilla y té verde.

3º. Toma un licuado hecho a base de frutos rojos con cacao y un toque de vainilla natural; o plátano con un toque de vainilla, en agua.

Tus plantas medicinales

Las plantas de la herbolaria tradicional que ayudan a tratar los desequilibrios relacionados con el Chakra de la Conexión son el cacao, ginseng, ginkgo biloba, milenrama, salvia, yerba mate, vainilla y té verde.

Tus ejercicios

El Chakra de la Conexión se fortalece mediante la práctica espiritual de la meditación, realizada por lo menos 20 minutos en la mañana y 20 por la noche. Además, por supuesto de las disciplinas como yoga, chi kun y tai chi; así como el canto y las danzas sagradas.

Tus cuarzos

El equilibrio de la energía de la plenitud se puede fomentar con cuarzos y piedras de poder como la alejandrina, amatista, citrino, diamante, obsidiana y turmalina. Puedes utilizar alguno de ellos colgado en el centro de tu pecho, lo puedes poner al centro de tu frente o tenerlo en la mano cuando realices tu práctica de meditación.

Tu aromaterapia

El sándalo, la mirra y el copal se suelen usar benéficamente para mantener en equilibrio el Chakra de la Conexión. Puedes poner las esencias directamente en el centro de tu frente y en tu ombligo, por las noches y por la mañana, después de tu baño.

Tu música

La tonalidad que le corresponde al séptimo chakra es *Si*. De la misma manera que en el Chakra de la Visión, su música está sostenida principalmente por todos los instrumentos de una orquesta, en especial el arpa, flauta dulce, oboe, piano, violín y chelo, sin olvidar los corales. Te recomiendo escuchar música cuyo pulso invite a la serenidad, la meditación y el silencio interno, a menudo funcionan piezas con voz (sola o en coro) que cumplen con estas características. Asimismo, escucha la música sagrada de la India, escrita especialmente para este fin.

Para quienes aprecian la música clásica, aquí van algunas recomendaciones:

- Johann Sebastian Bach, *Cello Suite 1, preludio.*
- Ludwig van Beethoven, *Sinfonía No. 6, Pastoral; Sinfonía No. 9,* Coral.
- W. Amadeus Mozart, *Agnus Dei; Sonata para piano No. 12 en F, K 332; Réquiem en Re menor, K 626.*
- Johannes Ockeghem, *Salve Regina.*
- Giovanni da Palestrina, *Miserere mei, Deus.*
- Piotr Ilych Tchaikovsky, *El lago de los cisnes.*
- Camille Saint-Saëns, "*El Cisne*", de *El Carnaval de los animales.*
- Antonio Vivaldi, *Gloria in Excelcis Deo, en D mayor, RV 589.*
- Giuseppe Verdi, *Misa de Réquiem.*

Tus acciones

1º. Medita 20 minutos sentado.

2º. Vive tu día conscientemente, consciente de ti y tu realidad, sin tener que aislarte para sostener el estado de serenidad.

3º. Que tu día esté sostenido por la gratitud de estar vivo.

4º. Lee las enseñanzas de los grandes maestros de la humanidad, como punto de inspiración.

5º. Vive cada momento sostenido por la Gracia.

6º. Sonríe de manera permanente, como las figuras ancestrales del Buda, la imagen de Krishna y caritas sonrientes del Totonacapan.

7º. Realiza un trabajo de servicio y contribución a los demás, que no sea remunerado.

8º. Dibuja o pinta el símbolo hindú del Chakra *Sahasrara*, una flor de mil pétalos, un mandala, el símbolo del *Om*, un cisne.

9º. Coloca un cuarzo pequeño en el centro de tu frente.

10º. Practica el estado de conciencia de paz mental y amor incondicional.

Tu actitud básica para fomentar el estado de conciencia

1º. Vive en un estado de alegría permanente.

2º. Vive en un estado de confianza continua.

3º. Sé libre para elegir cualquier cosa que desees en tu vida.

4º. Practica la aceptación de la vida tal y como es.

5º. Practica la congruencia entre lo que dices, lo que sientes y tus acciones.

6º. Sé simple.

7º. Sincroniza y sintoniza la vibración de tu energía con la frecuencia del universo para que continuamente generes amor, paz, abundancia, prosperidad y gratitud.

8º. Sé generoso: da lo mejor de ti en cada acto, en cada palabra, en todo pensamiento, en toda intención.

9º. Cumple tu misión con amor y responsabilidad, siendo causa.

Tus frases de poder

Todo ocurre en la secuencia perfecta.

Estoy en sincronía y en sintonía con la armonía de la vida.

El universo me sostiene.

La comprensión amorosa del pasado me conduce al perdón, momento a momento.

Yo soy tú, tú eres yo: gracias por reflejarme a mí mismo.

Honro tu ser interior de la misma manera que honro a mi Ser.

Te amo.

Resumen del Chakra de la Conexión	
Localización:	Coronilla, por encima de la cabeza
Órganos y funciones que gobierna:	Glándula pineal, hipófisis, hipotálamo, gónadas, mamas, hígado, intestinos; sistema inmunológico, sistema cardiovascular, sistema óptico. Vértebras: primera y segunda cervical
Glándula que rige:	Pineal
Órgano para adquirir conocimiento:	Retina
Sentido de percepción ordinario:	Sueño
Sentido de percepción sutil:	Clarividencia
Órgano de trabajo:	Tercer ojo
Poder para la acción:	Meditación
Puerta de entrada:	Coronilla
Elemento de la naturaleza:	Sonido
Color:	Blanco con destellos dorados
Figura:	*Om*
Símbolo de la naturaleza:	Pluma de pavo real
Número de pétalos:	Mil
Animal de poder:	Quetzal
Aspecto de la conciencia:	Autorrealización

Cuarzos y piedras de poder:	Alejandrina, amatista, citrino, diamante, obsidiana, turmalina
Esencias:	Copal, sándalo, mirra
Alimentación:	Cereales integrales orgánicos: arroz, maíz y avena; leguminosas: haba, lentejas, frijoles; coliflor, brócoli; almendras, nueces, cacahuates. Todas las frutas, en especial las uvas, los frutos rojos y el plátano. Recuerda: tu cerebro también requiere agua, por lo que requieres hidratarlo continuamente
Plantas medicinales:	Cacao, ginseng, ginkgo biloba, milenrama, salvia, yerba mate, vainilla y té verde
Tono musical:	*Si*
Instrumentos:	Arpa, chelo, flauta dulce, oboe, violín
Ejercicios:	Tai chi, chi kun, meditar, cantar el *Om*
Mudra para la meditación:	*Chin*
Mantra o sonido de poder:	*Om*
Tus acciones:	Medita 20 minutos sentado. Vive tu día conscientemente, consciente de ti y tu realidad. Sostén un estado de serenidad y gratitud. Lee las enseñanzas de los grandes maestros de la humanidad, como punto de inspiración. Vive cada momento sostenido por la Gracia. Sonríe de manera permanente, como las figuras ancestrales del Buda, la imagen de Krishna y caritas sonrientes del Totonacapan. Realiza un trabajo de servicio y contribución a los demás, que no sea remunerado. Dibuja o pinta el símbolo hindú del Chakra *Sahasrara*, una flor de mil pétalos, un mandala, el símbolo del *Om*, un cisne. Coloca un cuarzo pequeño en el centro de tu frente. Practica el estado de conciencia de paz mental y amor incondicional

Tu actitud básica para fomentar el estado de conciencia:	Vive en un estado de alegría permanente. Confianza. Practica la aceptación de la vida tal y como es. Practica la congruencia entre lo que dices, lo que sientes y tus acciones. Sé simple. Sincroniza y sintoniza la vibración de tu energía con la frecuencia del universo para que continuamente generes amor, paz, abundancia, prosperidad y gratitud. Sé generoso: da lo mejor de ti en cada acto, en cada palabra, en todo pensamiento, en toda intención. Cumple tu misión con amor y responsabilidad, siendo causa
Tus frases de poder:	Todo ocurre en la secuencia perfecta. Estoy en sincronía y en sintonía con la armonía de la vida. El universo me sostiene. La comprensión amorosa del pasado me conduce al perdón, momento a momento. Yo soy tú, tú eres yo: gracias por reflejarme a mí mismo. Honro tu ser interior de la misma manera que honro a mi Ser. Te amo
Chakra papalelo:	Chakra del Arraigo

CAPÍTULO X

CHAKRA DEL OMBLIGO, EL PODER DEL CENTRO

Imagina que tu ombligo tiene una luminosidad resplandeciente, de donde surge un cordón plateado con destellos dorados; en náhuatl se llama *Xictli,* "lugar del centro". Dicen los ancestros que aquí se encuentra la puerta de la vida y de la muerte, el germen del mundo de lo increado. Sin embargo, muchos piensan que es sólo una cicatriz en el vientre que no sirve para nada. Eso está muy lejos de ser verdad: tu ombligo es la entrada de tu energía vital. Del ombligo surge el movimiento en espiral que regula, coordina y fortalece el funcionamiento de los demás chakras, como la pieza clave de un reloj cuyo mecanismo sincroniza las piezas en su conjunto. Cuando la cuerda falla, la maquinaria se detiene y con él la medición de los minutos y los segundos. De esta manera, tu ombligo regula el tiempo no medible del funcionamiento sutil contenido en su mecánica energética, sincronizando y sintonizando el engranaje de los chakras.

El sonido inaudible del tic-tac umbilical es la base armónica que sostiene tu salud, tu vitalidad y tu evolución en este planeta, afinada en una octava superior. Esa cicatriz hundida en el bajo vientre es tu código de barras, la marca infalible que atestigua tu autenticidad: no eres copia, no eres robot, ni siquiera eres un clon; eres original, eres: *Hecho en la Tierra.*

Su elemento

Tus células aún tienen la memoria de ser un pez en la pecera del útero. Al momento de nacer te convertiste en un guerrero con los elementos necesarios para conquistar tu vida. Eres como el Chac Mool, sentado sobre el sacro, con la espalda a 90 grados, las piernas dobladas en posición de parto, los pies bien plantados sobre la tierra, la cabeza de rostro atento girando a un lado, los ojos abiertos del que observa y la vasija que recibe y crea la energía de vida sobre el ombligo.

En principio, al ombligo lo rige el elemento agua, después se sumarán la tierra y el fuego, para complementar la estructura energética de este centro cuya importancia ha pasado desapercibida. Tu ombligo: la marca que asegura la autenticidad de tu hechura como ser encarnado en este planeta.

El inicio de lo increado. Las células embrionarias desarrollándose en espiral para formar un cordón que se mantiene pegado a la placenta, como si fuera un cable de alta tensión encargado de transportar los nutrientes físicos y químicos necesarios para formar al feto, un cuerpo en forma de pez creciendo en esa especie de pecera, llena de líquido amniótico. No sólo eso, también recibiste alimentación emocional, mental y energética para constituir un alma lo suficientemente fuerte para abrirse paso en este mundo. De tal manera, tus emociones y pensamientos fueron moldeados por las vivencias de tus padres y de tus ancestros.

Se dice que la circulación energética entra por el cordón umbilical, pasa por las glándulas suprarrenales, izquierda y derecha, desciende a los órganos sexuales y al perineo y después sube por la columna vertebral hasta la cabeza; desciende por la lengua y regresa al ombligo: circuito energético que recuerda la circulación de la energía kundalini, la serpiente de fuego dormida en el coxis y cuyo despertar otorga el estado de iluminación. Mientras tanto, cuando estabas aún en el vientre de tu madre, recibiste tus primeros nutrientes a través del cordón umbilical. Al nacer cortaron ese cordón, pero una cuerda tejida con hebras de energía luminosa te dejó invisiblemente amarrado a la Tierra, de tal suerte que adquiriste el equilibrio y el centro de gravedad. De la misma manera, permaneciste conectado al ombligo de tus padres. No importa qué tan lejos estés de ellos, el cordón se estira como si fuera una liga flexible que sólo se rompe después de la muerte de tu madre y de tu padre.

Así como el Sol es el centro de nuestro sistema planetario y todos los planetas giran alrededor de él, de la misma manera el ombligo es el centro de tu propio universo. No sólo eso: todas las culturas del mundo tienen un lugar que representa el origen de su historia, un espacio sagrado que en cualquier idioma lleva un nombre que significa "el centro del mundo". México, por ejemplo, (en náhuatl *Mexihko)*, significa "en el ombligo de la Luna".

Por esta razón, los ancestros aseguran que el ombligo es el lugar de mayor concentración de energía, de donde surge un finísimo cordón plateado con destellos dorados que te enlaza con la vida de este planeta, con quien eres y con el lugar de donde vienes. Éste es el cordón que te hace salir de tu cuerpo, viajar y romper las barreras del tiempo. Gracias a él tienes asegurado el regreso a tus orígenes, y sólo cuando mueres llega el emisario de la muerte a cortar la hebra energética que te une a la vida en la Tierra. Así, desde el centro de tu interior surge el balance que danza para encontrar el tono sostenido por el *om*, el sonido sagrado del universo, que felizmente se encuentra contenido al principio de la palabra *ombligo* en nuestra lengua, como en griego, latín, italiano, francés y portugués.

Su relación con el cuerpo físico

El ombligo es tu fuerza de vida, la fuente de energía vital: el centro de tu propio universo. Su funcionamiento energético depende totalmente del bazo. Los órganos que dependen de él son: el sistema digestivo, el inmunológico y el linfático, ya que fortalece los glóbulos blancos y rojos, las plaquetas y las células madre.

Esta energía influye en el buen funcionamiento del bazo y algunos otros órganos cercanos a él, como el hígado, el páncreas, la vesícula biliar, los riñones y el estómago. De hecho, es el vórtice energético esencial para el tratamientto de enfermedades genéticas.

El bazo, como órgano fundamentalmente asociado a este chakra, forma parte del sistema linfático y es el centro de actividad del sistema inmunológico. En un adulto mide aproximadamente 14 centímetros de largo, 10 de ancho y 3.5 de grosor, y pesa alrededor de 200 gramos. Su función principal es la destrucción de glóbulos rojos viejos para producir nuevos. En su interior tiene una reserva importante de hierro, plaquetas y macrófagos, que se encuentran disponibles para pasar al torrente sanguíneo en el momento que sea necesario. El bazo transforma la energía vital en nutrientes que transporta a las extremidades, la masa muscular, los pulmones, el corazón y el cerebro. Cuando el bazo se debilita o se enferma, el resto del organismo queda sin defensas. Los esenios le llamaban el pequeño sol.

Las vértebras que irradian la energía del Chakra del Ombligo son de la octava a la doceava vértebra dorsal.

El Chakra del Ombligo adquiere conocimiento a través de la boca: en el momento en que te cortaron el cordón umbilical, tu madre te puso en su seno, no sólo para alimentarte, sino para nutrirte de amor, confianza y seguridad.

Por consiguiente, el sentido de percepción ordinario está sostenido por la nutrición física. Sé que la nutrición, como tal, no está contemplada por los cinco sentidos conocidos (gusto, oído, olfato, tacto, visión); sin embargo, es una de las primeras acciones con las que te relacionas con la realidad: en el vientre te alimentas a través del cordón umbilical y después utilizas la boca para succionar el pecho materno. El olfato, el gusto y la nutrición son los integrantes del equipo del laboratorio encargados de absorber y elaborar las propiedades químicas de los alimentos; envían las señales al cerebro, y de esta manera puedes absorber todos sus nutrientes.

Nuestro desarrollo también requiere otros alimentos que no son físicos; son importantes los que vienen de la luz, el sonido, los colores, las emociones y las experiencias de la vida misma. Por ende, el sentido de percepción sutil del Chakra del Ombligo está sostenido por la nutrición sutil.

El paladar es el emisario que lleva al alma la información de lo que percibe. Así, por ejemplo, en ciertas técnicas de meditación se requiere pegar la lengua al paladar, mientras la atención está puesta en la respiración, y al hacerlo se establece la conexión desde el ombligo hasta el Chakra Coronario.

Los lugares a través de los cuales este chakra manifiesta la acción de su poder, como habrás adivinado, son las vértebras dorsales y el ombligo mismo.

Sus símbolos

Color

Plateado con destellos dorados.

El color plateado con destellos dorados aportan dinamismo y velocidad al cordón energético que surge del ombligo para viajar a otras dimensiones y universos; mismo que permite el regreso a tu cuerpo.

Figura: Chac Mool

Sentado en el coxis y en posición de parto, el Chac Mool sostiene una vasija con agua sobre el ombigo, y mientras la energía asciende por la columna vertebral, el guerrero se reinventa.

La flor de loto tiene ocho pétalos. Número del infinito y del equilibrio. El ombligo es el punto en el que convergen el macrocosmos y el microcosmos. De tal manera, según los ancestros, desde tu ombligo estableces el puente de comunicación con el centro del universo. En este sentido multidimensional son las cuatro cruces, los cuatro rumbos, las cuatro direcciones cósmicas duplicadas: como es arriba, es abajo.

Animales de poder: jaguar y perro

El ombligo es el centro energético que está representado por dos guardianes: el jaguar y el perro.

El jaguar, guardián nocturno cuya piel recuerda el firmamento, y sus fauces, la puerta para entrar al inframundo. La velocidad de sus pasos silenciosos, casi en vuelo, te permiten cambiar de una dimensión a otra, al más allá: el camino de la oscuridad por donde tendrás que dirigir tu destino sin cuerpo; el momento del tiempo sin conteo, carente de significado. Pero no irás solo, un perro te guiará por el sendero que te conducirá al río del inframundo y al árbol en donde fue sembrada la esencia de tu alma.

Dentro de la cosmovisión mesoamericana, el jaguar ha sido altamente honrado por olmecas, teotihuacanos, mayas y mexicas, ya que está vinculado a Tezcatlipoca, dios de la creación, numen del primer Sol en la leyenda mítica de los soles; y por tanto, considerado nahual de gobernantes y sacerdotes, quienes portaban sus insignias de jaguar como símbolo de autoridad y firme recordatorio de la esencia del felino, caminando silenciosamente y al acecho, para vigilar el uso apropiado del poder que se les había otorgado. Poder cuyos fines estaban muy lejos de ser personales e individualistas. El poder se asumía con la responsabilidad y el compromiso de estar al servicio de la nación que gobernaban.

Cabe mencionar que una de las cualidades más poderosas del jaguar, además de su alto sentido del oído y del olfato, reside en su mirada nictálope, la membrana de sus ojos tiene la capacidad de concentrar la luz en el campo focal de la retina, de tal manera que el felino es capaz de observar a detalle cualquier asunto, tanto de día como de noche. De ahí que esté asociado a los misterios de la conciencia. La función del jaguar termina cuando llega el emisario de la muerte a cortar el cordón plateado que surge del ombligo y te une con la Tierra, entonces el alma sale del cuerpo para emprender

el viaje al inframundo. En ese instante, y de manera automática, el jaguar pasa la estafeta a su aliado, *Xóllotl*, el dios-perro mexicano de la vida y de la muerte, que vendrá por tu último aliento y te guiará hasta el árbol que custodia tu alma.

Mensajero del amor incondicional, el perro puede morir por ti para evitar una catástrofe, ya que tiene el propósito de proteger la vida del ser humano y el tránsito del alma en el camino al inframundo. Sus atributos de lealtad, fidelidad y perdón te enseñan los fundamentos básicos de tu existencia en el planeta.

El perro tiene un alto sentido de percepción: el peligro, los lugares con energía oscura o negativa, a las personas con intención oculta y también a sus amos, no importa la distancia. De la misma manera, tú tienes la capacidad de percibir y lo haces desde tu ombligo. Si no lo has captado, no es porque carezcas de esta cualidad, sino porque quizá te falta escuchar a tu cuerpo, especialmente el área comprendida alrededor de tu ombligo, ese pequeño botón que ha sido ignorado o herido, tachado de inservible o utilizado únicamente como objeto sexual. No quiero quitarle al ombligo sus cualidades innatas de sensualidad, sólo quiero restablecer la dignidad que en algún momento de la historia le fue arrebatada.

El momento de tu partida será la cita inevitable, el encuentro puntual del emisario de la muerte y tu alma. Cuando se corte el cordón plateado que sale de tu ombligo, el jaguar dará un salto dimensional en el que aparecerá el perro, dando brincos de alegría por el encuentro largamente esperado; y mientras su cola marca el tic-tac del no tiempo, tu espíritu lo seguirá, desapegándose de todo, soltando el ego, para cruzar el río que separa esta vida con los distintos niveles de realidad hasta llegar al *Tamoanchan*, el paraíso donde te espera el árbol sagrado de la vida.

Símbolo de la naturaleza: Sol y Luna

Por ser el centro de tu propio universo, en tu microcosmos el ombligo es el equilibrio masculino y femenino, el yin y el yang. Por tanto, los símbolos de la naturaleza que mejor lo representan son la Luna y el Sol, ya que su energía depende de ambas para su fortalecimiento. De día se alimenta con la luz solar, de noche aprovecha el estado de reposo de tu cuerpo, toma energía de la pituitaria y viaja a otras dimensiones.

Sus nutrientes

Como has visto a lo largo del libro, cuando te sugiero que nutras un centro energético en particular, no me refiero sólo a la comida, sino a la alimentación energética que se requiere para elevar tu calidad de vida. El ombligo, en este caso, se alimenta con luz, color, calor y reposo.

El ombligo, como punto medio, es el balance entre la acción y el descanso, la tensión y la relajación, la producción de resultados y la espera. Ese instante en el que el péndulo se detiene un microsegundo antes de continuar con su movimiento hacia el lado contrario, como los equinoccios y los solsticios que marcan el paso de las estaciones y cuya trayectoria solar parecería detenerse por un instante, el momento esperado por chamanes, magos y hechiceros para incrementar su poder. De la misma manera, necesitas hacer distintas pausas que te permitan retomar la fuerza y regenerar las células de tu organismo.

Si bien es cierto que el bazo es el órgano principal del sistema linfático e inmunológico, encargado de destruir los glóbulos rojos enfermos, para producir glóblos blancos y rojos sanos, y de almacenar la reserva de plaquetas que necesita tu organismo para nutrir todos tus tejidos, también es cierto que para poder regular su funcionamiento con equilibrio y regenerar las células de tu organismo, requiere del reposo. Sin embargo, la educación de la cultura occidental se basa en la sobreproducción: tu valor se mide por tu productividad. La palabra *producir* se ha convertido en un término que implica algo valioso por sí mismo: una persona valiosa es, automáticamente, aquella que es muy productiva. En esta suerte de producción desmedida, la palabra *descanso* pasó a ser un término peligroso, como si viniera de un lugar terrible del que hay que salir huyendo, antes de que te atrape: "Mira nada más qué flojo es Fulano: no hace otra cosa más que dormir", ¡aunque sea domingo! Sin embargo, tu organismo requiere hacer pausas periódicas en momentos clave: es la única manera que tienes para recuperar tu energía. ¿Sabías que las células sólo se regeneran cuando estás en posición horizontal o en estado de meditación?

Por ejemplo, antiguamente los campesinos sembraban la tierra con gran respeto: primero le hablaban, le pedían permiso para trabajarla y la palmeaban con suavidad; después la sembraban y cuidaban su proceso con paciencia; nada de decirle: "Ándale, mira nomás qué floja, apúrate con la producción, pero cómo te tardas, caramba, tú siempre tan lenta". No: esperaban pacientemente a que la tierra diera sus primeros brotes y no recogían la cosecha hasta que estuviera lista. Después quemaban la tierra y, finalmente, la dejaban descansar: sabían que necesitaba recuperarse, almacenar materia orgánica, regenerar sus nutrimentos minerales. La tierra dormía el tiempo necesario para despertar a un nuevo ciclo de producción.

Recuerda: eres como la tierra, respiras igual que ella, necesitas los mismos nutrimentos y también tienes la capacidad de regenerar las células de tu organismo, justamente a través de la pausa: durante la noche, la que haces un día a la semana, la que tomas durante varios días una vez al año.

De la misma manera a como antiguamente se honraba la tierra, los ancestros veneraban el inicio de los ciclos, en especial el de la vida. Cuando un bebé nacía, realizaban un ritual en el que enterraban el cordón umbilical para que ese ser se alimentara con la fuerza de la tierra y le diera el sentido del arraigo y el propósito de su vida; de esta manera, se aseguraban que cualquier ser humano pudiera cumplir exitosamente tanto su misión como su propósito. En la actualidad, sin embargo, los cordones umbilicales de los recién nacidos terminan en el bote de la basura, en donde quizá haya quedado el tuyo, a menos que tu madre lo haya guardado. Esto no significa que tu misión y propósito de vida estén olvidados en los deshechos agusanados de lo inservible; sin embargo, hay una enorme cantidad de personas que se pregunta algo incontestable: "¿Para qué nací...?, sé que soy bueno para algunas cosas pero, ¿cuál es mi misión?". Y entonces se dedican a trabajar en asuntos totalmente distintos a su esencia, como si la pasión y la responsabilidad vivieran en mundos separados. Para nuestros ancestros, la vida de cualquier ser humano era altamente honrada desde el momento de la concepción y en cada uno de los ciclos que la conforman. Si retomamos este saber, verás que tu vida está sostenida por cuatro ciclos de 13 años, hasta completar un gran ciclo de 52. Cuando cumples 52 años has pasado por cuatro muertes pequeñas: a los 13, a los 26, a los 39 y, finalmente, el cierre de los 52, momento en el cual los ancestros aseguran la continuidad de la vida, pero en una octava superior. Es decir, con una calidad energética más sutil y mucho más poderosa que antes. Ésta es la etapa más honrada: tienes la fuerza vital del ser todavía joven, pero no con una juventud inexperta, irreflexiva y en ocaciones impulsiva, sino propia del ser sabio, con la experiencia de un alma lista para renacer a un nuevo ciclo, que podría estar compuesta por 52 años más. Así pues, naces para morir varias veces: la muerte y el renacimiento sostenidos por la apertura y el cierre de los ciclos. ¿De cuántos está compuesta tu vida? ¿Cuántos llevas? ¿Cuántos te faltan? Si eres feliz, si estás satisfecho y llevas una buena calidad de vida, ¿cuánto tiempo crees que puedas vivir realmente?

SUS CUALIDADES

El ombligo es la marca, como ojal al botón, que te identifica como un ser mamífero, engendrado de padre y madre. Esta pequeña cicatriz situada en el bajo vientre te recuerda, aunque continuamente se te olvide, que entre tú y los otros no hay diferencias económicas ni de estatus, como tampoco de raza y cultura, y mucho menos de religión. Es el hoyuelo por donde sale el cordón energético que te conecta con el país que te representa, la cultura que te arraiga y tu red familiar. No hablo sólo de tu familia consanguínea, sino de la gran familia de árboles, plantas, montañas, flores y toda clase de animales que pertenecen al gran telar de vida planetaria. De ahí que los ancestros se hablaran de tú con la Madre Tierra, el Padre Sol, la Hermana Luna, el Hermano Río... Porque tú escogiste venir, elegiste tomar la existencia de un ser humano y encarnaste para ser nutrido a través del ombligo.

El ombligo es la zona del cuerpo que representa el centro de gravedad. Otorga confianza en ti mismo, fuerza, determinación y contundencia. Favorece la capacidad del conocimiento interno y evolución espiritual. Evidentemente, te da equilibrio, balance, capacidad para vivir el presente, sentido de pertenencia y universalidad. De aquí surge la capacidad de movimiento y reubicación como la que, por ejemplo, requieren los emigrantes: si tus antepasados caminaron largas jornadas, atravesaron el mar o viajaron en avión y se aventuraron en tierras desconocidas con la esperanza de reiniciar su vida en un lugar totalmente nuevo y diferente, seguramente la energía de sus ombligos sufrió un proceso, nada fácil, de adaptación. Quizá tú mismo hayas emigrado de un lugar a otro, como lo hicieron ellos; en cuyo caso, tienes la experiencia directa de lo que implica cambiar el destino de tu vida. Cuando modificas el lugar de residencia, tu ombligo es el que está a cargo. Habrá quien pueda hacerlo fácilmente, pero para la mayoría de las personas tiene un impacto directo en su propia identidad, ya que tus raíces energéticas, que surgen del ombligo y de la planta de los pies, requieren de varios meses —en ocasiones de años— para ubicarse en las nuevas circunstancias. Lo mismo ocurre con los árboles cuando se trasplantan, algunos mueren, mientras que otros logran sobrevivir en la nueva tierra.

Consecuencias de su desequilibrio

El desequilibrio del ombligo ocasiona debilidad física y emocional, en la que predominan el miedo, la inseguridad y la ira. La persona con desequilibrio de este chakra tiene necesidad continua de reconocimiento, pero cuando lo recibe, es incapaz de escucharlo. Siempre se queja de que nadie reconoce lo mucho que hace por los demás. También se refleja en inmadurez y falta de "digestión de las emociones", produciendo una gran cantidad de gases estomacales. En mi experiencia, si la energía del ombligo se encuentra debilitada, es probable que también la salud del resto del organismo esté afectada.

Para nuestros ancestros es uno de los espacios en el que se crea la personalidad; por ello, una persona con el ombligo afectado genera una serie de actitudes basadas en la inseguridad, la duda, la indesición; una sensación continua de no pertenencia y la queja por demás repetitiva de sentirse "feo", no importa qué tan bien o mal se vea.

En las cirugías estéticas en las que se mueve la cicatriz del ombligo, el impacto a nivel físico puede generar debilitamiento en el sistema inmunológico, cansancio extremo, dolor de piernas, problemas de digestión y disfunción en la energía sexual. No sólo eso, los hijos antes de los siete años, periodo en el que están conectados a la energía de su madre al 100%, también son afectados, presentando una serie de padecimientos que van desde el debilitamiento general, el dolor de piernas, la fragilidad en el sistema inmunológico y el sistema digestivo (resfríos, gripes, infecciones) hasta las alteraciones a nivel emocional (llanto excesivo, mal humor).

Recuerda que así como tu cuerpo tiene la capacidad de regenerarse, también la tiene para moldearse. La práctica cotidiana basada en ejercicio, dieta saludable y amor por ti mismo harán que recuperes la armonía y la salud que tanto anhelas. El poder está inmerso en tu propia energía. Ahora, te voy a decir un secreto: las células de tu organismo son unas chismosas, si hablas con una de ellas y le cuentas que quieres moldear tu figura, ella se va a encargar de contárselo de inmediato a todas las demás.

La falta de balance en el Chakra del Ombligo se llega a manifestar en síntomas físicos y enfermedades como los siguientes:

Enfermedades y padecimientos físicos del Chakra del Ombligo, el Poder del Centro

- Problemas en el sistema digestivo
- Problemas en el sistema excretor
- Debilidad en el sistema reproductor
- Debilidad en el sistema inmunológico
- Debilidad en el sistema linfático
- Dolores de piernas: várices o dolores reumáticos
- Debilidad o enfermedad en el bazo
- Anemia
- Cirrosis
- Hipo
- Enfermedad de Hodgkin
- Mononucleosis infecciosa
- Leucemia
- Linfomas
- Obstrucción de la vena porta
- Cansancio extremo (fatiga)

Desequilibrios energéticos y emocionales del Chakra del Ombligo

- Desarraigo: sentir que no pertenece a su familia, a su comunidad o a su país
- Inseguridad
- Miedo a ser rechazado
- Necesidad continua de reconocimiento
- Falta de aceptación con uno mismo a nivel físico, mental y espiritual
- Creencia de ser fea / feo

- Baja autoestima
- Creer que no es amado, o que no es lo suficientemente amado, ni tomado en cuenta
- Adicción a las cirugías estéticas

> El equilibrio del Chakra del Ombligo te otorga regeneración celular, alta energía, fuerza, seguridad, pertenencia y salud. Además, el ombligo se encarga de mantener enlazados al resto de los chakras; pero, sobre todo, te permite estar vivo, desde el momento de tu encarnación en el vientre de tu madre hasta el día en que el emisario de la muerte y tu alma hayan acordado el punto final de tu existencia en este planeta. Recuerda, en el ombligo llevas el código de barras que te valida como ser humano.

Equilibrio para el Chakra del Ombligo, el poder del centro

¿Cómo sabes si tu Chakra del Ombligo está fuera de balance? Responde el siguiente cuestionario:

1. ¿Tienes la creencia de que tu nacimiento es un error y que por alguna razón misteriosa estás en la época equivocada, en un país o en una familia que no te pertenecen?
2. ¿Tu pregunta sin respuesta es "¿qué hago aquí"?
3. ¿Has tenido la intención de cortar con tus lazos familiares, creyendo que eso te libera del conflicto?
4. ¿Te cuesta trabajo adaptarte a entornos o situaciones nuevos?
5. ¿Estás satisfecho con tu cuerpo o crees que es feo, deforme o defectuoso?
6. ¿Crees que otra figura te haría tener, al fin, el cuerpo que mereces?
7. ¿Tienes la creencia de que nadie te comprende y eres un extraño?
8. ¿Eres adicto a someterte a cirugías estéticas como una solución para elevar tu autoestima?

9. ¿Padeces de problemas digestivos o en el sistema excretor?
10. ¿Has tenido alguna enfermedad en los riñones o vías urinarias?
11. ¿Tienes debilidad en los sistemas inmunológico y/o linfático?
12. ¿Tu energía está baja la mayor parte del tiempo?
13. ¿Te falta fuerza para llevar a cabo tus metas? ¿Una de las frases que te caracterizarían es: nací cansado?
14. ¿Estás satisfecho de quien eres y lo que has logrado o siempre falta algo, por lo cual no puedes hacer una pausa?
15. ¿Eres indeciso, sólo un poco, a veces o sólo cuando no hay nadie que te diga lo que más te conviene?

Tu evaluación: si tienes 25% de las respuestas afirmativas, es importante que empieces a trabajar con tu Chakra del Ombligo.

Ahora, vamos a la práctica cotidiana.

Tu práctica de meditación

En este chakra el sonido *Om* es el sonido que acompaña la mayor parte de los mantras sagrados en sánscrito. Sin embargo, si te falta arraigo o pertenencia, vocaliza el sonido del elemento tierra, *Lam*; si requieres fuerza de voluntad, canta *Ram*, el sonido del fuego.

Indicaciones generales

Siéntate cómodamente sobre tu cojín de meditación o en una silla, con la espalda erguida. Coloca las manos sobre las rodillas. Esta posición favorece la concentración y te prepara en caso de que quieras realizar cualquier otro mudra o posición de poder. Haz una respiración profunda.

Ésta es una práctica que también puedes hacer acostado, con las piernas dobladas y las plantas de los pies sobre la tierra.

Puedes iniciar tu práctica con los ojos abiertos, estando consciente de los ruidos y de la atmósfera del lugar donde te encuentras.

Cuando lo sientas, cierra los ojos con suavidad, mientras continúas respirando. Deja pasar los pensamientos, no te aferres a ninguno. Llénate de paz mental.

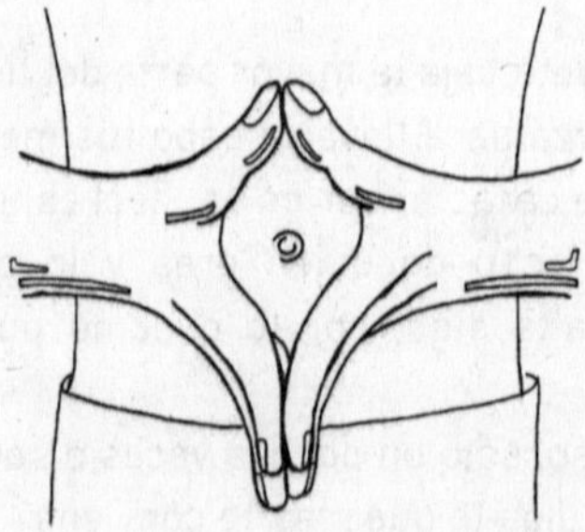

Mudra, Lenguaje o posición de manos para el Chakra del Ombligo: posición de poder Chac Mool

Recuéstate boca arriba, dobla las piernas en ángulo recto. Haz un rombo con las manos, juntando las yemas de tus dedos pulgares, índice y medio. Los dedos anular y meñique quedan extendidos, siguiendo la forma natural de las manos. Colócalas en tu vientre, de tal manera que el ombligo quede en el centro. Pega los codos a tu costado. Levanta la cabeza y haz una respiración profunda. Repite el movimiento varias veces. Esta posición es la misma que se encuentra en las estatuas del Chac Mool. Te otorga conexión con tu propia fuerza vital, uniendo la fuerza de tu ombligo con el universo y la tierra.

También puedes realizar tu meditación con el *Om Mudra:* con las manos sobre las rodillas, junta el dedo pulgar (el dedo del Chakra de la Coronilla), con el dedo índice (dedo del ego), extiende el resto de los dedos getilmente, coloca las manos con las palmas hacia arriba. Repite el mantra y disfruta la experiencia de la unidad con tu ser interior y la paz mental.

Mantra o sonido del Chakra del Ombligo: *Om*

Este sonido activa la energía de todos los chakras y se conecta directamente con el poder de tu ombligo.

Vocaliza el siguiente sonido de poder o mantra para activar la energía de tu chakra central. Imagina el color plata dentro y fuera del ombligo, coloca la lengua en el paladar, canta o vocaliza el sonido creando una vibración que vaya desde el coxis hacia el cerebro... *om*.

Propiedades

Plano físico: otorga fuerza, determinación y equilibrio; eleva el sistema inmunológico. Conexión: con la Tierra y con la aceptación de tu propio cuerpo.

Plano emocional: aceptación, autenticidad, confianza en ti mismo, pertenencia. Te ayuda a sentirte seguro y sólido en la vida. Capacidad de elegir. Conexión con tus raíces, tu entorno y tus relaciones.

Plano mental: contundencia; conexión con tu capacidad de concentración.

Plano espiritual: confianza, sentido de prosperidad, paz. Conexión con tu propósito y misión de vida.

Ejercicio

Recuéstate boca arriba, permite que tu ombligo reciba la luz solar, mientras la espalda baja es sostenida por la tierra. Después, voltéate boca abajo, con el vientre pegado a la tierra e imagina que la energía de tu ombligo se conecta directamente con el centro planetario, mientras la espalda baja recibe la energía solar.

El ejercicio tiene la intención de nutrir tanto el cuerpo físico como el sutil, con la energía biomagnética del Sol, el mar (en caso de que te encuentres en la playa), la tierra y el viento.

Tu nutrición

La salud del Chakra del Ombligo se mantiene con alimentos originarios de la región: alimentos ricos en hierro, vitaminas B y E, cereales, leguminosas (frijoles negros, lentejas), hortalizas, raíces, semillas y tubérculos, en general; así como jitomate, chícharo, chile, espárrago, papa, pimientos y verdolaga. Dentro de las frutas, están el coco, chicozapote, mango, manzana, melón, naranja, papaya, plátano y zapote negro. De cualquier manera, los alimentos que consumes que sean de la tierra donde vives, aunque no sea tu lugar de origen, ya que sus cualidades se encargarán de nutrir tu sentido de pertenencia y confianza.

Tus cuidados en ayunas

1º. En ayunas: bebe una taza de agua tibia con el jugo de un limón para alcalinizar tu organismo. Si tienes problemas intestinales puedes agregar una cucharada sopera de aceite de oliva, aceite de semilla de uva o aceite de coco.

2º. Prepara un té compuesto por la siguiente combinación de plantas medicinales, elige por lo menos tres de ellas: anís, canela, cardo mariano, cedrón, diente de león, hinojo, cuachalalate, equinácea, ginseng, sangre de drago, tila, té verde.

3º. Toma un licuado hecho a base de chicozapote, apio y limón; o zapote negro, naranja y espinaca. También puedes preparar un licuado compuesto por ingredientes que fortalezcan todos los chakras: apio, espinacas, pepino, manzana o plátano, el jugo de un limón y un toque de jengibre en polvo.

Sé creativo, haz tu propia combinación.

Tus plantas medicinales

Las plantas de la herbolaria tradicional que aportan sus beneficios en la curación de enfermedades causadas por desequilibrio o bloqueo en este chakra son: el anís, canela, cardo mariano, cedrón, diente de león, hinojo, cuachalalate, equinácea, ginseng, sangre de drago, tila y té verde.

Tus ejercicios

Para fortalecer el Chakra del Centro es recomendable hacer ejercicio en el que intervenga la fuerza de tu abdomen, caminar y correr en contacto con la naturaleza; practicar deportes en equipo de mucho movimiento; asimismo, es altamente recomendable tener una práctica de yoga, tai chi o chi kun, así como artes marciales. Acuéstate en la tierra boca arriba y boca abajo. Permite que los rayos solares nutran el ombligo.

Tus cuarzos

Algunos cuarzos y piedras de poder que contribuyen al fortalecimiento de tu ombligo son el ámbar, jade, obsidiana y piedras de río o mar. En cualquier caso, sugiero que la piedra que elijas sea pequeña, del tamaño de tu ombligo, para que la pongas sobre él y la dejes ahí por unas horas. Utiliza una cinta para que se mantenga en su lugar.

Tu aromaterapia

El equilibrio del Chakra del Centro se ve favorecido por esencias de canela, cedro, coco, sándalo y miel. La piel de tu ombligo es la más delgada del resto del cuerpo, cualquier aceite que le pongas será absorbido inmediatamente para nutrir al organismo en su totalidad. Prueba ponerte unas gotas de aceite de oliva, aceite de coco o miel (abeja, maguey o maple) todos los días como tratamiento de belleza y juventud.

Tu música

El tono musical correspondiente al Chakra del Ombligo es *Do* sostenido, *Re* sostenido y *Mi* bemol. La música que estimula su acción es aquella cuyo ritmo está basado en instrumentos de percusión, como el pandero, cascabeles, crótalos o castañuelas; los instrumentos de tecla como el harmonium indio y el piano. También favorecen su energía los instrumentos de cuerda como el chelo, violín y contrabajo, así como los instrumentos de lengüetas sueltas como el acordeón y el bandoneón. El Chakra del Ombligo se ve estimulado por música que despierte el amor y la gratitud por estar vivo.

Para quienes aprecian la música clásica, aquí van algunas recomendaciones:

- Johann Sebastian Bach: *Suite No. 1 para cello en G; Tocata y fuga en D menor, BWV 565.*

- Ricardo Castro, vals *Capricho.*
- Astor Piazzola, *Adiós Nonino; Libertango.*
- Manuel María Ponce, *Concierto del Sur.*
- Maurice Ravel, *Bolero.*
- Camille Saint-Saëns, *Danza Macabra en G menor, Op. 40.*
- Franz Schubert, *Sinfonía No. 8 en B menor.*
- Felipe Villanueva, vals *Poético.*
- Antonio Vivaldi, *Concierto para dos chelos en G menor.*

Tus acciones

1º. Acuéstate en la tierra boca arriba, y después boca abajo.

2º. Permite que los rayos solares nutran el ombligo.

3º. Muévete, el sedentarismo es uno de los males de los últimos tiempos.

4º. Honra tu cultura, tus raíces y la cultura en la que vives.

5º. Honra las distintas culturas que existen en el planeta.

6º. Mírate al espejo sin ropa: ama y acepta tu cuerpo, como es y como no es.

7º. Fortalece tu sentido de pertenencia: mete los pies en un río, en el mar o húndelos en la tierra por 20 minutos seguidos.

8º. Utiliza un lienzo dorado para fortalecer la energía de tu ombligo.

9º. Coloca un cuarzo pequeño en el ombligo por varios días, sujétalo con cinta adhesiva.

10º. Dibuja o pinta el símbolo mexicano del Chakra del Ombligo Xictli Nahui Ollin, una flor de ocho pétalos, un mandala, el Sol y la Luna, el yin y el yang, y sus animales de poder: el jaguar y el perro.

Tu actitud básica para fomentar el estado de conciencia

1º. Vive en un estado de alegría permanente.

2º. Vive en un estado de pertenencia continua.

3º. Aplica la fuerza de tu voluntad para lograr cualquier cosa que desees.

4º. Practica el amor por la vida tal y como es.

5º. Practica la congruencia entre lo que dices, lo que sientes y tus acciones.

6º. Sé leal a ti mismo.

7º. Sincroniza y sintoniza la energía de tu ombligo con la frecuencia de la Tierra y del universo para que te mantengas conectado a la fuerza de tu propia vitalidad.

8º. Sé valiente: trasciende tus propias limitaciones y ve más allá de lo que creías imposible.

9º. Cumple tu misión con amor y responsabilidad, siendo causa.

10º. Honra el momento en el que naciste, la familia que te acunó, el país que te recibió.

Tus frases de poder

Estoy enamorado de mi vida.
Honro mi cuerpo y lo cuido con amor.
Estoy en sincronía y en sintonía con la fuerza de la vida.
La Tierra me sostiene.
Soy uno conmigo y contigo.
Te honro y me honro.
La vida no es personal; y mi propósito de vida me trasciende.

Resumen del Chakra del Ombligo	
Localización:	Ombligo
Órganos y funciones que gobierna:	Hígado, vesícula biliar, páncreas, bazo, estómago, masa muscular, ojos, lengua, boca, médula ósea, sistema sanguíneo, sistema esquelético, sistema inmunológico, sistema glandular. Vértebras dorsales de la octava a la doceava
Glándula que lo rige:	Bazo
Órgano para adquirir conocimiento:	Boca
Sentido de percepción ordinaria:	Nutrición física
Sentido de percepción sutil:	Nutrición emocional
Órgano de trabajo:	Estómago
Poder para la acción:	El olfato, la lengua y el paladar
Puerta de entrada:	Dorsales y ombligo
Elementos:	Tierra y agua; cuando tu energía sale del cuerpo: éter
Color:	Plateado con destellos dorados
Símbolo:	Sol y Luna
Figura:	Chac Mool
Número de pétalos:	Ocho
Animal de poder:	Jaguar y perro
Aspecto de la conciencia:	Centro, estar presente; expansión, libertad
Cuarzos y piedras de poder:	Ámbar, chalchihuite, jade, obsidiana y las piedras de río o de mar
Esencias:	Canela, coco, romero, sándalo, olivo, miel

Nutrición:	Alimentos ricos en hierro, vitaminas B y E, cereales, chocolate, leguminosas, hortalizas, raíces, semillas y tubérculos
Plantas medicinales:	Anís, cacao, canela, cardo mariano, cedrón, diente de león, hinojo, cuachalalate, equinácea, ginseng, sangre de drago, tila, té verde
Tono musical:	*Do* sostenido, *Re* sostenido, *Mi* bemol
Instrumentos:	De percusión: pandero, cascabeles, crótalos, castañuelas; instrumentos de tecla: harmonium indio, piano; instrumentos de cuerda: chelo, violín, contrabajo; instrumentos de lengüetas sueltas: acordeón, bandoneón
Ejercicio:	Caminar y correr en contacto con la naturaleza; deportes en equipo; yoga, tai chi, chi kun y artes marciales
Mudra para la meditación:	Om Mudra y posición de poder Chac Mool
Mantra o sonido de poder:	*Om*
Tus acciones:	Acuéstate en la tierra o en la arena boca arriba y boca abajo. Permite que los rayos solares nutran el ombligo. Muévete, el sedentarismo es uno de los males de los últimos tiempos. Honra tu cultura, tus raíces y la cultura en la que vives. Honra las distintas culturas que existen en el planeta. Honra, ama y acepta tu cuerpo, como es y como no es. Fortalece tu sentido de pertenencia: mete los pies a un río, al mar o húndelos en la tierra. Utiliza un lienzo dorado para fortalecer la energía de tu ombligo. Coloca un cuarzo pequeño en el ombligo por varios días, sujétalo con cinta adhesiva. Dibuja o pinta el símbolo mexicano del Chakra del Ombligo Xictli Nahui Ollin, una flor de ocho pétalos, un mandala, el Sol y la Luna, el yin y el yang, un perro

Tu actitud básica para fomentar el estado de conciencia:	Vive en un estado de alegría permanente. Siente que perteneces. Aplica la fuerza de tu voluntad para lograr cualquier cosa que desees. Practica el amor por la vida tal y como es. Practica la congruencia entre lo que dices, lo que sientes y tus acciones. Sé leal a ti mismo. Sincroniza y sintoniza la energía de tu ombligo con la frecuencia de la Tierra y del universo para que te mantengas conectado a la fuerza de tu propia vitalidad. Sé valiente: trasciende tus propias limitaciones y ve más allá de lo que creías imposible. Cumple tu misión con amor y responsabilidad, siendo causa. Honra el momento en el que naciste, la familia que te acunó, el país que te recibió
Tus frases de poder:	Estoy enamorado de mi vida. Honro mi cuerpo y lo cuido con amor. Estoy en sincronía y en sintonía con la fuerza de la vida. La Tierra me sostiene. Soy uno contigo. Te honro
Chakras paralelos:	Todos, el ombligo enlaza a todos los chakras

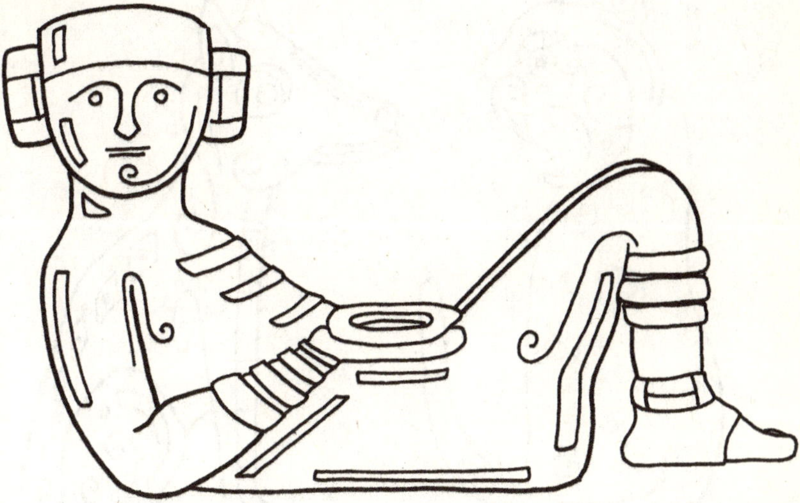

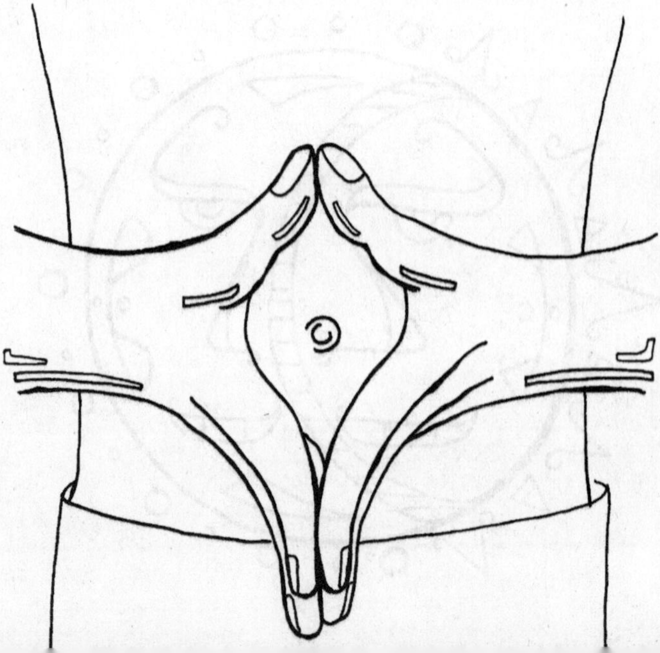

PARA TERMINAR...

Parada en una esquina bajo un paraguas que apenas me protegía de la lluvia, levanté el brazo con la esperanza de encontrar un taxi libre, hasta que se orilló un auto al que subí de inmediato.

—Está fuerte la lluvia, ¿verdad? —el chofer miró la orilla de mis pantalones empapados.

—Sí, qué le vamos a hacer.

—¿A dónde la llevo, señorita?

—A la central de autobuses de oriente.

—¿De paseo o de trabajo?

Esperé un momento antes de responder. Miré el rostro de perfil, las manos al volante, los ojos reflejados en el mismo espejo retrovisor que ellos utilizan no sólo para controlar los autos detrás, sino para ver a los pasajeros. Entre pregunta y respuesta, imaginé que él también me estudiaba; quizá se cuestionaba lo mismo que yo: ¿confío?

—De trabajo.

—¿Es usted maestra?

—Voy a dar terapia.

—¿Entonces es doctora?

—Digamos que estoy especializada en la curación con energía.

—¿Como los brujos de Catemaco?

—No... ¿cómo le explico? Trabajo con lo que se llama el cuerpo sutil.

—Oiga, eso me interesa. Como que está de moda, ¿no? El otro día leí algo acerca de eso... los *chancras*, o algo así.

—Pues sí... aunque se llaman chakras.

—Ah... ¿y de dónde sacaron eso de los *chancras*?

—El nombre, así tal cual, viene de la India, pero a mí se me hace que en nuestro país también los conocían, a su manera.

La conversación permitía que avanzáramos en el tráfico como si fuéramos en una cápsula que nos mantenía a salvo del estrés.

—Ya ve que casi todo el conocimiento prehispánico fue destruido en la Conquista.

—Eso sí, aunque es muy difícil entender tantos conceptos. Me gustaría comprenderlo para saber qué hacer con los *chancras* porque supongo que yo también los tengo, ¿no?

—Claro, es lo que sostiene nuestra salud.

—Ah... ¿será algo parecido a la sensación que me da alrededor del estómago cuando tengo angustia?

—Sí, ahí tenemos un centro energético.

—Oiga, pues si usted sabe de eso, ¿por qué no lo escribe?

—Puede ser...

—Pero hágalo sencillo, que uno lo pueda entender.

Cuando llegué a mi destino, el chofer giró el cuerpo, me miró directo a los ojos y me dio la mano.

—Prométame que lo hará.

La escritura de este libro ha sido una aventura parecida al Camino de Santiago: jamás estuve sola. Me han acompañado mis maestros, mis alumnos, mis pacientes, mis amigos, mi familia y el espíritu de mis ancestros, quienes caminaron a mi lado para transmitir el conocimiento antiguo.

Conocer el cuerpo sutil, entenderlo y aprender a balancearlo nos permite vivir en armonía. Por ello, en *Chakras* me atrevo a sumar el ombligo como el octavo centro de energía, el nódulo vital para cerrar nuestro sentido de unidad, con nosotros mismos y el universo; ya que el *xictli*, como se dice en náhuatl, no sólo es la fuente de nuestras raíces y la cultura a la que pertenecemos, representa el lugar en el que reside nuestro poder personal, la fusión de la vida y de la muerte.

Deseo que este recorrido por los chakras, sus significados y la posibilidad de balancearlos con nutrición, ejercicios, plantas medicinales, aromaterapia, meditaciones y música sea una herramienta, como vuelta de tuerca, que apoye tus prácticas cotidianas para que tu camino sea más pleno y disfrutable. Lo más sencillo es empezar, el reto es sostenerlo paso a paso, como un nuevo estilo de vida.

Agradezco que me hayas acompañado en este viaje; pero, sobre todo, que continúes en el, como viajero incansable cuyo asombro descubre como nuevos los momentos de su vida.

Bienvenido.

REFERENCIAS BIBLIOGRÁFICAS

Anodea, Judith, 2000, *Nueva guía de los chakras: las ruedas de la energía vital*, Robinbook, Buenos Aires.

Arewa, Caroline Shola, 1998, *Opening to Spirit: Contacting the Healing Power of the Chakras and Honouring African Spirituality*, Thorsons/HarperCollins, Nueva York.

Bernal, Martin, 1993, *Atenea negra. Las raíces afroasiáticas de la civilización clásica*, Crítica, Barcelona.

Besant, Annie, s/f, *Teosofía*, <http://sociedadteosofica.es/nuevaweb/wp-content/uploads/2015/07/Besant_Teosofia.pdf>.

Blavatsky, Helena P., 1877, *Isis sin velo*, vols. I-IV, <http://sociedadteosofica.es/?p=668>.

Blavatsky, Helena P., 1888, *La doctrina secreta*, vols. I-VI, <http://sociedadteosofica.es/?p=666>.

Brennan, Barbara, [1987] 2010, *Manos que curan. El libro guía de las curaciones espirituales*, Editorial Planeta Mexicana / Editorial Martínez Roca, México.

Chidvilasananda, Gurumayi, 1996, *El Yoga de la Disciplina, para alcalzar una gran meta*, SYDA Foundation.

Dale, Cyndi, 2009, *El cuerpo sutil. Una enciclopedia sobre la anatomía energética*, Sirio, España.

Díaz, Frank, 2004, *Kinam, el poder del equilibrio*, Editora Alba, México, <https://poderesunidosstudio.files.wordpress.com/2009/12/frank-diaz-kinam-el-poder-del-equilibrio-tecnicas-toltecas.pdf>.

Dwight Whitney, William (trad.), 1905, *Atharva-Veda Samhitã*, Harvard University, Cambridge, Massachusetts.

Johari, Harish, 2002, *Chakras, Centros energéticos de transformación*. Edaf / Nueva Era, Madrid, España.

Kripananda, Swami, *El Poder de lo Sagrado, Una Guía sobre Kundalini para los buscadores*, Editorial Siddha Yoga Daham de México, S.A.

Leadbeater, Charles Webster, 1927, *The Chakras*, Theosophical Publishing House, Wheaton, Illinois.

Marciniak, Barbara, 1999, *Mensajeros del Alba*, Ediciones Obelisco, Barcelona.

Meza Gutiérrez, Arturo, *Cauhpohualli, Cómputo del tiempo azteca y su correlación actual*, Asociación Anahuacayotl, Puebla, México.

Meza Gutiérrez, Arturo, *Mosaico de Jade con reflejos de obsidiana, Quetzalcóatl, un acercamiento a la realidad*, Ollinkalli Arts and Education, Camarillo, CA.

Men, Hunbatz, s/f, "Pacal Votan, un maestro ascendido", <http://www.transformacioncreativa.com/blog/2010/03/637/>.

Men, Hunbatz, 1990, *Secrets of Mayan Science/Religion*, Bear & Co., Santa Fe.

Meurois, Daniel, 2010, *Il metodo del maestro*, Amrita, Torino.

Meurois, Daniel y Croteau, Marie-Johanne, 2014, *Compendio di terapie egizie ed essene*, Edizioni Amrita, Torino.

Muktananda, Swami, 1981, *¿Existe realmente la muerte?*, Gurudev Siddha Peeth.

Olcott, Henry Steel, 1895, *Páginas de un Viejo diario*, vols. I-II, <http://sociedadteosofica.es/?p=663>.

Vasant, G. Rele, 1927, *Mysterious Kundalini: The Physical Basis of the Kundali (Hatha) Yoga in Terms of the Western Anatomy and Physiology*, Bombay.

Villoldo, Alberto, 2000, *Shaman, Healer, Sage*, Harmony, Nueva York.

Wilson, Horace Hayman, 1832, *Dictionary in Sanscrit and English*, Education Press, Calcuta.

Woodroffe, John George, 1919, *The Serpent Power*, Luzac & Co., London.

Ywahoo, Dhyani, 1987, *Voices of Our Ancestors*, Shambhala, Boston.

AGRADECIMIENTOS

Chakras ha sido sostenido por la luz de varias personas:

Mis hijos, Yanitsa y Nicolás, que me abren el camino de la esperanza.

Sergio Palafox, quien me sostiene con su amor.

Juan Carlos De Llaca, Esteban De Llaca, Laura Calderón de la Barca, Magda Romero, Maite Valverde, Cristina Méndez y Vittoria Aino, por acompañarme con su lectura y retroalimentación.

Guadalupe Maldonado, quien dedicó su tiempo y su energía en leer *Chakras* antes de morir.

Mis alumnos y pacientes por impulsarme a compartirlo.

Mis padres, María Angélica y Pedro Luis, por heredarme su creatividad y la entereza que me permite ser leal a mi camino con la férrea voluntad de continuar.

A todos ellos, mi más profundo amor y reconocimiento.

ÍNDICE

Esta obra se terminó de imprimir
en el mes de junio de 2025,
en los talleres de Litográfica Ingramex S.A. de C.V.,
Ciudad de México.